TOEFL®テスト ライティングの方法

アカデミック・ライティングの
基本と応用&Task攻略法

TOEFL iBT
対応

Andrew Domondon
吉岡友治 共著

TOEFL is a registered trademark of Educational Testing Service (ETS).
This publication is not endorsed or approved by ETS.

実務教育出版

Preface

　本書はTOEFLテストのWritingの参考書である。しかし，これは単に「こうすれば高スコアを出せる」HOW TO本ではない。むしろ，将来米国をはじめとする海外の大学・大学院に進学しても通用する英文を書く能力を養成することをめざした。

　本書のフォーカス点は「アカデミック・ライティング」である。特に筆者たちの母校でもあるシカゴ大学院のJ. Williams, W. Booth, G. Colombによる"The Craft of Research"と"Style"(Univ. of Chicago Press)などに多くを負っている。説明のための術語もその中のものを主に使った。彼らに謝意を捧げたい。

　Essayの書き方については，日本ではほとんど教えられていない。英作文の授業では形式（Form）に触れることもあるが，本書のように議論（Argument）を中心にしたアプローチは少ない。逆に，語学以外では，内容（Content）ばかりが問題とされる。しかし，文章では内容と同時に形式も大切だ。それを無視して書かれたEssayはそもそも論理的文章とさえ見なされない。

　本書では，このエッセンスをTOEFLテストに適用可能な限りで丁寧に説明した。「明確な文章を書く」ための技法を説明する一方で，TOEFLテストを突破するためのテクニックを解説している点で，類書がないユニークなものだと思う。従来，「よい文章を書く」には経験を積むほかない，あるいはnativeに添削してもらうしかないと言われてきた。これらは大事だが，間違った方法では，いくら経験を積んでも添削してもらっても能力は上がらない。読者には本書でぜひ正しい方法を習得して，努力するための基礎を作っていただきたいと思う。

　この本では形式的な概念理解に重点を置き，例文の内容も必ずしも著者の意見や立場を反映していない。本来，アカデミック・ライティングは形式と内容の両方を対話させながら学ぶのがベストだ。特に，基礎教養を高める書物を読み，それについて書くのが理想だろう。実際，著者が行っている授業ではその点に留意している。この本は出発点に過ぎない。読者が本書を読むことで，留学の夢を実現し，さらに本格的なライティングの力を伸ばしていくことを期待したい。

　　　　　　　　　　　　　　　　　Andrew Domondon，吉岡友治

本書の構成と使い方

全体の構成

本書はChapter1がTOEFLテストのライティングについて説明し，Chapter2〜6がライティングの基本原理を解説しています。Final Exerciseでは，模擬問題2セットとその解き方を説明しました。

Chapter 1	Task 1 とTask2の問題の違いと，その考え方・解き方の概略を解説します。
Chapter 2 〜 6	序論・本論・結論などそれぞれの要素に即して，Essayのレベルを上げる基礎的技法を解説します。
Final Exercise	今まで学習したことをもとに，典型的な問題を2Set演習します。

各Chapterの構成

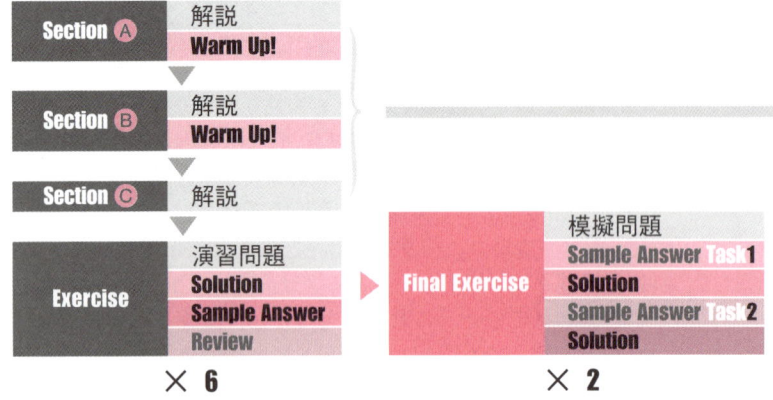

読み方のポイント

本書ではアイコンを利用し，解説を効率的に読解できるようにしました。

●	コメント	段落に書いてある内容のまとめ
Focus! ●	Focus!	覚えておくべき基本的メソッド
! ●	注意	間違いやすい点の指摘
●	Warm Up!	その節で学習したことの確認問題
●	Solution	解答に至る筋道の詳しい解説
●	Sample Answer	技法に沿った解答例

Example 4-4

Body 1

> First, small classes are more likely to be taught as a discussion seminar rather than as a lecture...

理由または証拠
をひっくり返す

複数段落でBodyを構成する場合，例示はできることなら同じparagraphに入れたほうがよく，本論２が例示だけという構成は避けたほうがよいでしょう。

 全体を４段落以上にするには理由・説明などを２つ

これで，「本論は２〜３paragraphは必要である」という最初の要求を満たすことができます。どんな内容でもよいから３つ段落を書けばよいのです。

 論と例の一致に気をつけよう

▼▲▼ **Warm Up !　4-B** 〈小問を解いてみよう〉

1. Which of the following sentences expresses the strongest claim?
 a) There are at least two possible ways to inter

Solution

Exercise 4-1

▼ 日本語訳

演習問題で，主張をサポートするのに使える理由や証拠は何か？
HINT
どうしたら，大統領の人気があることが示せるだろうか？

人気があるかどうかは，経験的判断だから論理から導くわけにはいかず，何らかのデータや証拠から導くほかないだろう。

Sample Answer 4-1

Reason: One measure of popularity might be what percentage of all voters voted for Reagan during the elections

TOEFL®テスト　ライティングの方法

contents

Preface ... 1
本書の構成と使い方 ... 2
TOEFL テストの概要 ... 6

Chapter ❶　TOEFL Writingと本書の方法
A　New TOEFL Writingの問題傾向 ... 14
B　Task2の解法とアカデミック・ライティング ... 15
C　Task1の解法―ライティングと読解 ... 21
D　本書で示すスタイル ... 33
Exercise ... 35

Chapter ❷　序論の意味と書き方
A　序論の機能 ... 42
B　逆接表現とDestabilization ... 52
C　Task1の場合の応用 ... 61
Exercise ... 65
Bookmark ❶ ［構想・アウトラインの立て方］ ... 72

Chapter ❸　段落を組織する方法
A　段落の構造 ... 74
B　基本型の仕組み ... 77
C　発展型の考え方 ... 87
Exercise ... 93
Bookmark ❷ ［時間配分について］ ... 102

本文デザイン　　長谷眞砂子
カバーデザイン　久保　和正

Chapter ❹　議論の整理と構成
　A　議論Argumentとは何か　　　　　　　104
　B　議論の各パーツ　　　　　　　　　　116
　C　予想される反論とそれに対する批判　124
　Exercise　　　　　　　　　　　　　　　134
　Bookmark ❸［接続詞は役に立つ！］　147

Chapter ❺　結論の機能と表現
　A　結論の意味と機能　　　　　　　　　150
　B　結論の基本型　　　　　　　　　　　157
　C　結論の発展型　　　　　　　　　　　167
　Exercise　　　　　　　　　　　　　　　172

Chapter ❻　複合課題Task1の解法
　A　論文の主張の読み取り方　　　　　　180
　B　各段落の読み取り方　　　　　　　　190
　C　細部の読み取り方　　　　　　　　　199
　Exercise　　　　　　　　　　　　　　　205
　Bookmark ❹［メモの取り方］　　　　215
　　　　　　　❺［TOEFL iBT受験体験記］216

TOEFL Writing Final Exercise　Set Ⓐ　218
　　　　　　　　　　　　　　　　　Set Ⓑ　238
　Warm Up !　Sample Answers　　　　　254

TOEFL®テストの概要

◯ TOEFL®テストとは

　TOEFLテスト（Test of English as a Foreign Language）は、主に米国・カナダの大学に留学を希望する、英語を母国語としない人を対象に実施される英語運用能力試験です。

　この試験は米国の非営利教育団体であるETS（Educational Testing Service）が開発、運営しており、現在は世界全域において、延べ2700万人以上が受験しています。

　現在、米国・カナダ・イギリス・オーストラリアなど約130か国、9,000以上の大学・短大・その他機関が、入学選考基準にTOEFLテストスコアを採用しています。各種の政府機関、奨学金プログラムなどでもTOEFLテストスコアを利用しているほか、日本国内でも学内単位認定、大学・大学院入試優遇、公務員試験・民間就職試験優遇、海外派遣選考の目安としてなどの利用が増えてきています。

■ TOEFL® iBTとは

　2005年9月から、ETSはTOEFL iBT（TOEFL Internet-based Testing）という、インターネット接続による新しい試験形式を導入しました。日本においては、2006年7月から実施されています。TOEFL iBTでは、従来のCBT（コンピュータ版）やPBT（ペーパー版）と比較して、試験の構成・時間・形式が大幅に変更されました。

セクション	出題数	試験時間	配点
Reading	パッセージ：3～4 小問：各12～14	60～80分	0-30
Listening	講義：4～6／小問：各6 会話：2～3／小問：各5	60～90分	0-30
休憩		10分	
Speaking	課題：6 (2 independent, 4 integrated)	20分	0-30
Writing	integrated task：1 independent task：1	20分 30分	0-30
計		4～4.5時間	0-120

■TOEFL® iBT受験上の変更点

受験上の主な変更点は，以下のとおりです。
- 受験者は所定のテストセンターにおいて，インターネットに接続されたコンピュータを使用して受験する。
- 解答方法に関するInstructionはセクションごとに提示されるが，Computer Tutorial（操作方法の実地ガイダンス）はない。
- Computer Adaptive形式（正解／不正解の状況に応じて，以後の問題の難易度が調整される）は採用されず，全員が同じ問題を解答する。
- 全セクションにおいて，受験中にメモ（ノート）を取ることが許される。ただし，各セクションの間や休憩時間にはメモは取れない。入室時に渡される鉛筆と紙のみを使用し，試験後は回収，破棄される。
- 新しく設けられたSpeakingセクションでは，受験者は個別にマイク付きヘッドフォンを使用し，マイクに向かって解答する。音声はデジタル録音され，ETSに送信される。
- Writingセクションでは，画面を参照しながらキーボードで入力（タイプ）して解答する。画面左半分に課題文と問題が表示され，右半分にタイピングしていく。
- SpeakingおよびWritingセクションは，ETSの複数の採点官によって採点される。各Taskの採点基準（Rubrics）に従って，Speakingは0～4，Writingは0～5のスコアが付けられ，その平均点が両セクションとも0～30の実際のスコアに換算される。

■Integrated Taskとは

TOEFL iBTでは，SpeakingおよびWritingセクションにおいて，新たにIntegrated Task（複合課題）が導入されました。

- read, listen, then speak in response to a question
- listen, then speak in response to a question
- read, listen, then write in response to a question

これは，同時に2つまたはそれ以上のスキルを統合した課題を要求することにより，英語のコミュニケーション能力，そして英語を話す学習環境での適応能力を，より効果的に測定することを目的としています。

テキストを読み，講義を聴く，それをもとに討論し，レポートを書く，といった実際の大学・大学院での場面が想定されているといえるでしょう。

■スコアについて

　TOEFLテストの結果は，受験日の約10日後からETSのTOEFL公式ウェブサイトにおける個人のアカウントページ「My Home Page」上でスコアの確認が可能となります。スコアレポートはOfficial Score Report（公式スコアレポート）とExaminee Score Report（受験者用控えスコアレポート）の2種類があり，ともに「My Home Page」上で送付手続きができます。スコアは受験日から2年間有効です。

　TOEFL iBTにおいて，留学を希望する大学・大学院で求められるスコアのレベルは一概には述べられませんが，目安としては，短大・コミュニティカレッジレベルでは45〜60点，一般大学レベルでは61〜80点，難関大学・大学院レベルでは81〜100点，最難関大学院レベルでは100点以上が必要とされているようです。

■受験申込の準備と実際

　TOEFL Information and Registration Bulletin（受験要綱）に，受験に関して必要な情報が記載されているので，事前に必ず読んでおきましょう。ETSのTOEFL公式ウェブサイトからダウンロードできます。また，国際教育交換協議会（CIEE）のTOEFLテストETSライブラリーからも同じものがダウンロードできます。

　2014年3月現在，受験料は225米ドル（Regular registration：試験日の7日前までの申込）または260米ドル（Late registration：試験日の3日前までの申込）で，支払いはクレジットカード，PayPal account，国際郵便為替，送金小切手のいずれかの方法によります。

　日本では年間50回以上，金曜，土曜，日曜に試験日が設けられます。会場は全国各地に設置の予定です。

　なお，TOEFL iBTは，間に中12日おかなければ再受験できません。

　日本におけるTOEFLテストの運営・実施は，プロメトリック株式会社が代行しています。現在は試験会場数の都合などで受験申込予約に時間がかかる場合があるので，日数の余裕を持って早めに予約手続きを行いましょう。

■問合せ先

以下の関連ウェブサイトをこまめにチェックし，常に最新の情報を入手してください。

● ETS（Educational Testing Service）TOEFL公式ウェブサイト
　http://www.ets.org/toefl
　http://www.ets.org/jp/toefl （日本語版）
　＊個人のアカウントページ「My Home Page」上で行う各種手続き（テスト申込，スコア確認，出願先へのスコアレポート送付依頼など）をはじめ，Bulletin, TOEFL iBT Tips, Scoring Guides（Rubrics），Sample Questions（無料）などの各種情報がダウンロードできます。またTOEFL Practice Online（有料）も利用できます。

● 国際教育交換協議会（CIEE）　TOEFLテスト日本事務局
　http://www.cieej.or.jp/toefl
　＊TOEFLテスト全般に関する情報が日本語で詳しく掲載されています。特に，以下の「ETSライブラリー」では，TOEFL公式ウェブサイトから有益と思われるデータを抜粋して掲載されているので，申込前に読んでおくと参考になるでしょう。
　http://www.cieej.or.jp/toefl/toefl/data.html

● プロメトリック（Prometric）TOEFL iBT：試験情報
　http://ac.prometric-jp.com/toefl/jp/online.html
　＊試験予約（オンライン予約，電話予約，郵送予約）に関する情報が掲載されています。

■公式教材

TOEFLテストに関する書籍・教材は，和書・洋書とも数多く刊行されていますが，TOEFL iBTの概要や出題形式を概観するものとしては，ETSによる公式テキスト "The Official Guide to the TOEFL Test, Fourth Edition"（英文テキスト＋CD-ROM 1枚）が手頃です。同書の日本語版『ETS公認ガイド　TOEFL iBT（第4版）CD-ROM版』も刊行されています。

Writingセクションについて

■Writingセクションの解答の流れ

Task1：Integrated Writing Task　Read/ Listen/ Write

TOEFL iBTになって新たに導入された試験形式です。

❶ Reading a text

コンピュータの画面に230〜300語程度のパッセージが表示されます。リーディングの制限時間は3分間で，この間は内容に関するメモを取ることができます。制限時間になると自動的に❷に移ります。

❷ Listening a lecture

画面に講義をする人物像が表示され，230〜300語程度（または約2分間）の講義の音声が流れます。講義の内容は❶で読んだ文章と同じトピックを，違う観点から解説するものです。音声は一度しか聴くことができません。また，リスニングの間はメモを取ることができますが，❶の文章は参照できません。

❸ Writing a response

画面にDirectionとQuestionが表示されます。解答時間は20分間。左半分には❶の文章が再び表示されます。右半分に解答を入力します。Questionは主に，講義の内容を要約し，それと文章との関係を説明するというものであり，受験者の個人的主張・意見を問うわけではありません。解答はおおむね150〜225語が求められますが，それを超えても差し支えありません。

Task2：Independent Writing Task

従来のCBTとほぼ同様の試験形式です。ただし問題やトピックのまとまった実例は公表されていません。

画面にDirectionとQuestionが表示されます。解答時間は30分間。Questionは主に，❶ある見解に関して，賛成または反対の立場を表明する，または❷2つの見解のどちらを好むか選び，その選択の根拠を例示や説明を用いてサポートするというものです。解答は最低300語が求められ，それを超えても問題ありません。

ただ，本当に300語以上ないといけないかどうかは微妙でしょう。

250語程度でも，評価がそれほど悪くなかった例もあります。ちなみにその体験者によれば，Task1で規定の字数を書いても評価はTask2と同じレベルだったと言います。

■Tool Barの見方

コンピュータの画面には，試験をスムーズに進めるためのTool Barが表示されています。内容は各セクションで異なり，Writingセクションでは残り時間（分・秒表示。「HIDE TIME」のボタンをクリックすると隠れる），「VOLUME」ボタン（講義を聴く際の音量を調節できる），「HELP」ボタン（解答方法などのヘルプを表示する。ただし時計は止まらない），「NEXT」ボタンが表示されています。しかし，「NEXT」ボタンは，Writingでは時間いっぱいまで書いているので使わないでしょう。

各セクションによってアクティブになっているツールバー（色が濃い）と，なっていないツールバー（色が薄い）があり，アクティブになっているものしか使えません。たとえば，Task2では「VOLUME」は使えません。

■解答の入力方法

キーボードからの入力は，一般のパソコンとほぼ同様に行いますが，途中で解答を修正する場合は，入力スペースの上にある「Cut」「Paste」「Undo」などのボタンをクリックして操作します。たとえば，入力した解答の一部を削除する場合は，マウスをドラッグして該当箇所を選択したうえで，「Cut」ボタンをクリックします。「Backspace」は普通に使えますが，「Tab」，「Ctrl+C」，「Ctrl+V」などは使えないので注意しましょう。

単語数は自動的に計算のうえ表示されます。

・本書にはCDは付属しておりません。
・Writingセクション・Task1の実際の試験において，Lectureは音声を聴いて解答しますが，本書のChapter1，6およびFinal ExerciseにおけるTask1形式の問題では，音声の代わりに文章によるスクリプトを掲載しています。

Chapter 1 TOEFL Writingと本書の方法

TOEFLのWritingは自分の主張を書くTask2と，文章と講義を整理するTask1の2つの課題がありますが，どちらもアカデミック・ライティングの知識が大きく役に立ちます。この章では，その基礎を解説します。

A New TOEFL Writingの問題傾向
大学・大学院で必要とされる能力に近づく

B Task2の解法とアカデミック・ライティング
論文としての構成・展開が重視される

C Task1の解法—ライティングと読解
文章と講義を対比形式で整理する

D 本書で示すスタイル
大事な情報から細かな説明へと展開する

TOEFL Writingと本書の方法　　Lecture

Section A　New TOEFL Writingの問題傾向

変更の方向

TOEFLは大きく変わってきた

　TOEFLは2005年9月から、いわゆる「次世代TOEFL」であるTOEFL iBT（TOEFL Internet-based Testing、インターネット版TOEFL）を新たに導入しました。日本では2006年7月から実施されています。TOEFL iBTでは試験構成も大きく変更されました。

　このように大幅に変更されたのは、従来のTOEFLの点数が必ずしも大学・大学院における成績と相関しないという現象が見られるようになってきたからだと思われます。実際、TOEFLは受験者が比較的多い（世界中で毎年約100万人が受験しています）ために、受験産業としては有望な市場であり、次々に特有の勉強法やコツが開発され、それを実行することで、ある程度スコアを伸ばすことが可能になってきました。

スコアを英語能力と相関させる

　しかし、そのようにして伸ばしたスコアは、必ずしも大学・大学院レベルで必要とされる英語能力とは対応しません。むしろ、単にTOEFLの点数を上げるという短期的な目標を達成するのに役立つだけで、学校で必要とされる言語能力の妨げになる、という傾向さえ見られるとも言われるようになってきました。その意味で、試験形式の変更は、TOEFLの形式を**実際に学校で役立つような言語能力に近づける**ような方向に向かっていると思われます。

日本人の傾向

　これまでのTOEFLは、ListeningとStructure、Reading、Writingの四本柱から構成されていました。ところが今回の変更では、ここにSpeakingが加わり、Structureが廃止されることになりました。つまりReading, Listening, Speaking,

Writingという新しい四本柱で構成されることになったわけです。つまり，「読み・聞き・話し・書く」という言語の基本能力を調べるという方向が打ち出されているのです。

> 日本人受験者にとっては不利な変更

しかし，この変更はNativeにとって自然なものでしょうが，日本人受験者にとっては，かなり厄介なものです。なぜなら，日本の受験者の圧倒的多数がまずListeningやSpeakingではなく，文法を覚えることから英語に触れるからです。しかも，かつては中等教育でかなり徹底的に文法事項が教えられたために，日本人のTOEFL受験者はListening が比較的苦手で，ReadingとStructureで点数を稼いでスコアを上げるという傾向が見られました。

それに対して，英語のWritingについては，中等教育段階でほとんど触れられていないだけでなく，相当優秀な大学でさえシステマティックな教育を行っていない，というのが実情でしょう。その意味では，WritingやSpeakingを重視するようになったTOEFL iBTに苦労する人が増えるのは間違いないと思います。特にWritingに関しては，どう対策をしてよいかわからないという声が大きいようです。

> Writingにおける試験形式と時間の変更

TOEFL iBTではWritingの試験時間が長くなるとともに，出題形式も大きく変わりました。今までは30分で1題だけが出題されていました。ところが，試験時間が50分に延長されるとともに，問題数もTask1（Integrated Writing Task Read / Listen / Write）とTask2（Independent Writing Task）の2題に増えることになりました。時間が長くなると同時に，課題のバラエティが増えたということになります。

Section B　Task2の解法とアカデミック・ライティング

それぞれの課題はどのようなものになるのでしょうか？ 実際の出題の順序を変えて，まずTask2から説明しましょう。これは，実は従来のWritingでも出題されてきました。TOEFLを何回か受けてきた人なら，おなじみの形式かもしれません。

Example 1-1　Task2

Task2の典型的な問題

> Read the question below. You have 30 minutes to plan, write, and revise your essay. Typically, an effective response will contain a minimum of 300 words.
>
> Do you agree or disagree with the following statement?
>
> **The most important factor in carrying out a group project successfully is having a large number of individuals who are talented and knowledgeable about the project.**
>
> Use specific reasons and examples to support your answer.
>
> 日本語訳
>
> 　下の設問を読み，30分以内で，論文のプランを立て書いてから推敲せよ。論文は普通，最低で300語を含まねばならない。
>
> 　次の主張に対して，あなたは賛成か？　それとも反対か？
>
> 　集団で仕事をするときの最も大切な要素は，その仕事をよく知っていて才能のある人々がたくさんいることである。
>
> 　具体的な理由や例示を用いて書け。

それぞれの文の内容を整理する

Task2は英語小論文の形式である

　これは，日本の大学でよく課される小論文の問題に似ており，一行問題とか二者択一型とか言われてきたタイプの出題に属します。たとえば「大学入試で英語の科目を必修にすべきだろうか？　あなたの考えを述べよ」などというような設問を見たことがあると思います。つまり，Task2は，日本文を英文に直す

といういわゆる「英作文」の出題ではなく、**小論文を英語で書くという課題**なのです。

評価の基準

このような課題で高得点を取るにはどうするか？ ETSはWritingの2課題を2人の採点者がそれぞれ0〜5の5段階で評価し、その平均値を30点満点に換算してスコアを出す、と告知しています。それぞれの評価基準の詳細な説明は、ETSのウェブサイトに掲載されています、まとめてみると次のような評価になります。

> 1　話題（課題）への応答になっているか？
> 2　構成・展開がちゃんとしているか？
> 3　全体としてのまとまりがあるか？
> 4　言語表現に間違いがないか？　多様性があるか？

1は課題の提示する話題をきちんと取り上げていて、内容がずれていないこと、2は文章としての一貫した構成を持つこと、3は各文の関係が乱れていないこと、4は単語・イディオム・構文が適当であること、がそれぞれ求められていると見てよいでしょう。

スコアの違いの目安

スコア4は1，3，4の要素に若干不安がある答案。スコア3は、1，2はある程度満たしていても、3，4のところで不安がある。スコア2は1〜4のところでかなり問題があるもの。特に、スコア2から課題に答えていない、という項目が出てきます。スコア1はその程度がひどいもの、スコア0は論外ということです。要するに、スコア3以上を取るには、話題・課題に正確に応答し、構成がある程度できていて、言語表現に間違いはあっても意味には影響を与えていない、という条件を満たす必要があり、それを外すとスコア2以下になってしまうというわけです。

構成・展開のほうが重視される

注意すべきなのは、文法的間違い・綴りの間違いなど、日本

人が気にしがちなポイントは，他の要素と比べて重大な間違いとはみなされないということです。スコア5であっても，表現の間違いは小さなものであれば許される。スコア4に至っては意味に影響がなければ問題がない，と明言されています。**多少の文法・綴りの間違いがあっても，課題に応答していて，構成・展開がよいほうが評価される**。とすれば，TOEFL Writingでは語学的能力よりも，文章能力の面が強調されているのです。これらの関係を大ざっぱに○，△，×，××の4段階で表すと，下の表のようになります。

> 細かな文法，綴りの間違いは許容される

▼Task2の評価基準

スコア	要素	到達度
スコア5	話題・課題への応答 構成・展開 全体のまとまり 言語表現	○ ○ ○ △
スコア4	話題・課題への応答 構成・展開 全体のまとまり 言語表現	△ ○ △ △
スコア3	話題・課題への応答 構成・展開 全体のまとまり 言語表現	△ △ △ ×
スコア2	話題・課題への応答 構成・展開 全体のまとまり 言語表現	1つ以上が×
スコア1	話題・課題への応答 構成・展開 全体のまとまり 言語表現	1つ以上が××

解答の方法

語学的な知識だけでは不十分である

　では，この側面に対する評価を充実させるにはどうするか？ これには，実は英語そのものの語学的能力，たとえば単語やイディオムの知識だけでは追いつかない。よくTOEFL Writingの参考書というと，「使える表現」がやたらと列挙されていて，構成・展開への言及がない本がありますが，これは根底から間違っています。いろいろな表現を覚えておくことは役には立つのですが，それだけではよい構成・展開ができることを保証しません。いくら知識が豊富でも，それだけで文章が書けるわけではありません。実際，英会話学校などで練習を積み重ねてきて，それこそ「ベラベラ」と英語でパーティトークができる人でも，無茶苦茶な文章しか書けないということはよくあるのです。

　では，どのようにすればよいか？ このようなWritingで高得点を取るには，**論文＝Academic Writing**と言われるタイプの文章の基本的な構造に対する知識が必要になってきます。論文とは何か？ 簡単に言うと，論理的な意見・主張の書き方です。詳しくは後で説明しますが，大きな流れは次のようになります。

意見・主張を述べるときの基本方法

　どんな言語を使うにしても，自分の意見・主張を発表し，それを人々に伝達したいというときは，以上のような組み立て方をしなくてはなりません。ある問題に対して，Yes/ No（あるいはこうすればよい，こうなるはずだ）などの形で自分なりの明確な**解決** Claim/ Solutionを出し，それに対して**根拠** Supporting Information，たとえば**理由** Reason・**説明** Warrant/ Explanation・**例示** Evidence/ Exampleなどを示して，正しいという印象を与えていく（Support）するわけです。

　これは，アメリカの大学の学生になると，日本の大学で言うレポートTerm Paperなどを提出する場合にも使われる文章の書き方です。そのため，多くの大学では，論文を書くための基本マニュアルとして教えられています。これが**Example 1-1**でETSが求める内容にほとんど符合しているのがわかりますね？

▼TOEFLの評価内容との関係

問題	the following statement
解決	answer, agree or disagree (Yes/ No)
▼	to support your answer
1 理由	specific reasons
2 説明	(development, detail)
3 例示	(specific) examples

設問には「理由や例示を用いて書け」とあるだけで「説明」に対応するところがありませんが、ここは展開developmentや細部detailに当たるところなので、論理的文章には絶対必要です。つまり、Task2が求めているのは、実はAcademic Writingの基準に従って、特定の問題について、自分の意見・主張を書け、という課題であることであることがわかります。

<small>Academic Writingの基準に従って書く</small>

どのような評価になるか

課題に応答するというのは、問題に対してごまかさず一つの明確な立場を取ること、極端な場合はYesかNoかのどちらかを選ぶことを意味します。構造・展開がきちんとしているというのは、根拠を充実させて、自分の意見を正しいと思わせるような仕組みになっているということです。理由なども曖昧なまま放置しないで、明確specificになるように説明を加えます。さらに、このような理屈だけでなく、データや具体的事実なども提示して、より自分の主張の信用度を高めることも必要です。

逆に言えば、これらの点が不十分だと評価は低い。1が抜けていれば、構成が根本的におかしいし、2がダメな場合は展開が足りないと言われる。さらには、3の例示の内容が1、2の内容とずれている、または関係が薄い場合は、統一感がない、首尾一貫していないなどと非難されます。

<small>どこに気をつけて書くか?</small>

▼評価のポイント

1 理由が明確に述べられている
2 その理由が詳しくわかりやすく言い換えられている
3 理由・説明に対応した具体的なストーリー・データがある

つまり，これらの評価基準は結局，Academic Writingの方法に基づいて，それに必要な要素がどれだけ充実しているか，で決定されるわけです。つまり，Academic Writingの方法に準拠して書くことが高得点への近道なのです。

Focus! 高得点を取る＝Academic Writingの方法に従って構成する

より複雑な構成・展開を作る

さらに，**Example 1-1**のようにYes/ Noを答えさせるような場合，つまり反対意見が予想できるような場合は，次のようなやや複雑な構成も考えられます。

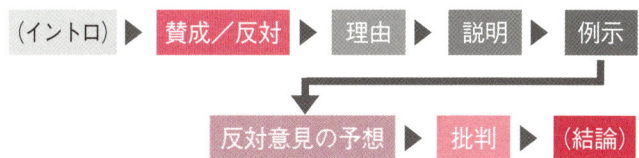

つまり，自分の意見・主張を一方的に書くだけではなく，あらかじめ反対意見を予想しておき，それがいかにダメか，ということも触れておくわけです。このようにすることによって，自分の意見の正しさをさらに印象づけられるだけでなく，他と比べていかに優れているか，も示すことができます。

▎Writingの技術は語学力だけではない

こんなふうに，反対意見が予想される場合は，その意見の予想・批判の部分まで含めて，初めて構成・展開がちゃんとしていると言えることになるでしょう。いずれにしろ，これらの条件は**語学的な知識の強化とは別の，独立に習得・習熟しなければならない技術**である，ということはおわかりだと思います。

Section C　Task1の解法─ライティングと読解

さて，このAcademic Writingの方法が使えるのはTask2だけではありません。実を言うと，Task1でも必須の技法になります。なぜなら，Task1はやや複雑な形式になっていますが，意見・主張の形を利用して解くという点ではTask2と変わりがな

いからです。

Task1の形式はどうなっているのか？

TOEFL iBTのTask1は今までになかった形式ですが、ずいぶん凝っています。まず、230～300語程度のTextがコンピュータ上に3分間表示され、それから大学教授風の人物が教室にいるイメージが現れ、230～300語程度（または2分間）の講義の音声が流れます。その後に、講義の内容を要約し、それが前のReading Passageとどのような関係にあるのか、150～225語で説明せよなどという質問が現れるのです。

ReadingおよびLectureの間に受験者はメモを取ることができます。Lecture時にはReading Passageは表示されませんが、答案を書く間は再び参照できます。ReadingとLectureを除いた解答時間は20分です。

実際の授業風景を模している

Task2が、アメリカの大学・大学院のレポートの書き方そのものであったのに対して、これは実際の授業風景に近い形だと言えるでしょう。つまり、まず予習としてReadingが課され、それに対して（あるいはそれを素材として）Lectureが行われ、学生はそれを理解しながらノートを取るという形です。学校で日常的に一番多く行わなければならない活動ですね。その意味で、Task2は、TOEFLのための勉強が留学という実践活動になるべく対応するように作る、というETSの姿勢が強く現れている課題だと言えましょう。

どう対応するか

ここでは、ReadingとListeningが大きな役割を果たしていて、読む能力、聞く能力が十分でないと対処できません。しかし、だからといって、ひたすら単語や構文の知識を増やしたりListeningの訓練の量を増やしたりすればよいということにはなりません。もちろん、それらの訓練はTask2の表現の知識と同じで、必要であるのは確かですが、それだけでは不十分なのです。むしろ、Academic Writingの方法を身につけておくことが大きな武器になります。なぜなら、ReadingとListeningをする対象はAcademic Writingに従って書かれた文章と、その構成法にほぼ従って話をする講義の部分から成り立っているからです。

Focus! Reading・Listening＝Academic Writingに従って書かれた文章＋その構成法に従って話をする講義

<small>TextもAcademic Writingの形式に従う</small>

　TEXTの部分は，論理的文章の常として，ある問題に対して解決をするという形で書かれており，その意味で「問題→解決→理由→説明→例示（→結論）」に忠実に書かれています。また，それについて講義する教授の話の内容も，論理的主張である限り，ほぼこの形式に従っているのです。だからAcademic Writingを習得しておけば，次にどんな内容が来るか，叙述の流れが予想できます。当然，どこに気をつければよいか，聞き逃したときに他の部分からどう推測するか，などについても手がかりが得られるのです。

　実際，一つの話題について問題を提起して，それに筆者が一つの解決を与え，理由・説明・例示などでサポートしていくということは，これらが伝えるメッセージは全部同じだということを意味しています。つまり，解決・主張は抽象的・一般的な

<small>同じ内容は繰り返される</small>

形で出てくる場合が多いのですが，その後の例示では具体的な形で繰り返されます。また，理由と同じ内容は説明のところでも詳しく言い換えられています。そうでないと，統一性・首尾一貫性がなくなる。だから，どこか一つの文について意味が取れなかったり，聞き逃したりしても，**同じ内容は必ず別な形で後から出てくる**から，取り返しがつくのです。

　その意味で，Academic Writingの方法を知っていることは，いわば，車を運転するうえで地図を持っているようなものです。次々に出現してくる風景・道路の状態にいちいち対処していたのでは，余裕がなくなります。あらかじめ，だいたいどんな道筋で物事が進行していくかわかっていたら，突発的なアクシデントが起こったとしても，「想定の範囲内」なので落ち着いて対処できる。当然のことながら理解も深まるはずです。

ReadingとLectureの関係

<small>LectureはTextを批判する関係</small>

　ところで，Task1のReadingとLectureの関係はどうなっているのでしょうか？　特徴的なのは，**Readingの内容に対して後のLectureが批判的にかかわっている**，ということです。

「批判的」とはどういうことか？　前者の主張に対して後者が疑問を投げかけたり，反例を挙げたりしながら，前者の限界や問題を指摘していく，ということです。

　これは，日本の大学での講義のやり方とずいぶん違っています。日本の大学，特に法学や経済学などの社会科学系の学部では大人数の講義が中心であり，教授は教科書を指定してそれに従って講義を粛々と進めていくことが多いようです。つまり，Readingの内容と講義の内容は基本的には一致します。ときには，教科書に書いていない知識を教師が補足することもありますが，基本的にはReadingに沿ったLectureが基本になります。

Textの問題点を自覚させるLecture

　ところが，アメリカの大学・大学院ではReadingとLectureは緊張・競合関係にあります。教科書の内容を逐一確実に学ばせるというより，Readingで得た知識・考えに対して，Lectureでコメントしていったり，その間違い・限界を指摘したり，あるいはReadingの内容をもとにしてさらなる展開を図ったりします。つまり，学生がReadingの知識を持っていることを前提にして，その知識が成立している社会的文脈に気づかせ，問題点を自覚させることを目標としているわけです。

緊張・競合関係

Reading Lecture

　だから，Lectureに対する学生の態度も違ってくる。Readingの理解はもちろんなのですが，それとLectureで述べられた内容の違いを読み取って，それを自分の理解としてノートに記述していかねばなりません。Task1では，ほぼこのような作業のプロトタイプが示されていると思ってよいでしょう。Textを読み，Lectureを聴いて，その2つの主張を理解し，違いがどこにあるか，その要点を要約していくことを求められているわけです。

要約では瑣末な細部を省略する

　要約とは，長い文章の大切な部分を拾って，まとめていくことを意味します。要約には，瑣末な細部を削除していかねばなりません。たとえば，細かすぎる例示・データはいらないし，詳しい説明もなくてよい。そのためには，読みながら聴きながら，今どの部分にさしかかっているのか，Academic Writingの

構造に従って,瞬時に判断しなければなりません。

対比の形式に注意しよう

　違いを表現するには,対比と比較contrast and comparisonという形式を使うことになります。これもAcademic Writingでよく使う方法です。対比と比較contrast and comparisonは典型的には次のような形式を取ります。

　　Aは…である。それに対してBは〜である。

　「…」と「〜」の中には反対語・対義語antonymが入ることになります。たとえば,「ヨーロッパは伝統を重んじる。それに対して,アメリカは進歩を重んじる」などのように「伝統」「進歩」という反対語が入るわけです。この場合も「The lecturer says that..., whereas the passage claims〜」などの形式が考えられます。

　もちろん,これだけが唯一の書き方ではありません。たとえば「The lecturer says that the theory stated in the textbook is very inaccurate because...」などとすることもできます。この場合も,教授の言ったことが教科書で述べられたことを批判する形になっていることを表しています。しかし,最後の形がどうであるにしても,AとBの違いを上のような形で一度把握しておかないといけないことには変わりがありません。

　先述したTask2との違いは,Task1では自分の主張や意見を述べるわけではない,ということです。あくまでも,TEXTとLECTUREの述べていることのポイントと構造を読み・聞くことを通してつかみ,理解したことを文章で要領よく表せばいいのです。

> 反対語・対義語を使う

実際の問題はどうなるか

　ではTask1の問題を見てみましょう。以下は,ETSのウェブサイトに掲載されている出題例を参考に作成したものです。

Example 1-2   Task1

●TEXT

高校教育における
コンピュータ利用
の利益

  The computer is one of the greatest inventions of the twentieth century. It has made our lives more convenient and efficient in many ways. One of the most important areas in which the computer has made a positive impact is on education, especially high school education. This section outlines some of the benefits of using computers in educating high school students.

計算が速くなる

  One positive effect of computers in high school education has been in fields that require various numerical and statistical computations. The powerful processing power of computers allows students to carry out quickly and accurately various computations. For example, when students conduct an experiment or a survey, they can analyze their accumulated data very quickly by using a computer.

ビジュアル化しやすい

  Another way computers have improved high school education is through their ability to visualize information into charts and graphs. Often it is difficult to understand a teacher's explanation if it is only presented verbally, but the same explanation becomes clear if the instructor uses some visual aids to make his or her point. Computers are ideal aids for this purpose because they allow teachers to reorganize their information quickly and accurately into graphs, charts, and diagrams.

大学・職場への準備になる

  Finally, using computers in high school education has the important positive effect of helping to prepare students for the use of computers at the university and the workplace. At the university it is not uncommon for professors to require students to type their papers and to analyze data using computers. Most jobs also require some knowledge of how to use a computer. In short, using computers in high school will make students better prepared for their later studies and careers.

● LECTURE

高校教育における
コンピュータ利用
のマイナス面

The computer has changed our lives in so many ways, but like every invention it has its negative aspects. Although many people stress the positive aspects of computers in high school education, my own research and experience have uncovered a number of important negative aspects related to the overuse of computers in high school education.

計算能力の低下

Computers are indeed excellent tools for analyzing data, but I have found that students often become too dependent on them. When students depend too much on computers for computational tasks they lose the ability to make calculations and estimates in their head. Moreover, I have found that students who always use computers for their calculations quickly become impatient when they are asked to do long calculations by hand.

文字・言語能力の
低下

Another concern with using computers in high school education is that when students are always presented with visual information, their ability to understand written and spoken explanations often declines. The visualization capabilities of computers can be used very effectively to convey ideas. It is important, however, to stress that too much emphasis on visual information affects our ability to understand written and verbal discourse.

> より基礎的な学力を重視すべき

What about the argument that introducing high school students to computers makes them better prepared for their university studies and careers? It is important to train students how to use computers, but those skills should not be taught at the expense of skills such as reading, writing, and calculating. In fact, these basic skills are essential for almost any task that students will perform on a computer.

In sum, I think that the computer can be an effective learning tool in high school education, but I think that it must be used in moderation to prevent some of the negative aspects of its overuse that I have outlined here.

Summarize the points made in the lecture you just heard, explaining how they cast doubt on points made in the reading.

（日本語訳）
●テクスト

> 要約：高校教育におけるコンピュータ使用の有効性

　コンピュータは20世紀における最もすばらしい発明の一つである。コンピュータのおかげで、われわれの生活はさまざまな点で便利で能率的になった。特にコンピュータが有用な影響を与えた分野の一つは、高校教育の分野である。この節では、高校教育でコンピュータを使う利点について、いくつか述べたい。

　高校教育における効果の一つは、数字や統計の計算を必要とする分野において得られている。コンピュータの優れた計算能力のおかげで、生徒たちはさまざまな計算を速く正確に行えるようになった。たとえば、実験や調査を行うときにコンピュータを使うことで、蓄積されたデータを非常に速く分析できる。

　また、図やグラフなどのビジュアル化においても、高校教育は改善された。教師が言葉だけで説明しても、生徒は理解しにくいことがしばしばある。だが、視覚的に要点を表すと、同じ説明で

もずっとわかりやすくなる。コンピュータは情報を速く正確に視覚化できるので，教師にとって理想的な補助用具なのだ。

最後に，大学や職場におけるコンピュータ使用に慣れさせるという意味でも，高校教育でのコンピュータ導入は重要な役割を果たしている。大学では，教授たちが学生にコンピュータを使ってレポートを書かせたりデータ分析をさせたりする場合が少なくない。また，多くの職業ではなんらかのコンピュータ知識を求めている。つまり，高校教育でコンピュータを使うのは，将来の学業や職業に対して準備させておく意味もあるのだ。

要約：高校教育におけるコンピュータ使用の有害性

●講義
コンピュータは，われわれの生活をいろいろな面で変えてきた。しかし，他の発明と同様に，否定的側面がある。高校教育における利点を強調する人は多いが，私の調査・経験によれば，高校教育でコンピュータを使いすぎると，たくさんの重要なマイナス面が出現する。

確かに，コンピュータはデータ分析にはすばらしい道具となるが，多くの場合生徒はコンピュータに依存しすぎてしまう。特に計算問題でコンピュータに頼りすぎると，暗算・概算する能力を失う。さらに，いつも計算でコンピュータを使う生徒たちは，手で面倒な計算をせよと言われると，すぐイライラするようになるのである。

高校教育でのコンピュータの使用について，もう一つ気がかりな点は，視覚的な表示のやり方に慣れてしまうと，書き言葉や話し言葉を使った説明に対する理解能力も低下することだ。確かに，コンピュータの視覚化機能を使えば，アイディアを効果的に伝達できる。しかし，視覚的な情報ばかりを強調しすぎると，文字や言葉を使った説明を理解する能力に悪影響を及ぼすのだ。

高校の生徒たちにコンピュータを教えると，大学での勉強や将来の仕事に対する準備として有益であるという議論はどうだろう

> か？　確かに，コンピュータの使用法を訓練するのは大切なことだと思う。しかし，これらのスキルは読み書き計算など，より基礎的なスキルを犠牲にして教えられるべきではない。実際，これらの基礎的スキルは生徒たちがコンピュータを使う作業のときでもほとんどの場合で必要なのである。
>
> 　結局，高校教育でコンピュータが効果的な教育機器になることは確かだが，今まで述べてきたような使いすぎによるマイナス面が出てこないように，節度を持って使用すべきであると思われる。
>
> あなたが聞いた講義の主な内容を要約し，それらがテキストの内容のどこに疑問を投げかけているのか説明せよ。

問題の分析

　この例では，最初のTEXTも，次のLECTUREも300語弱程度で，少しLectureが長くなっています。TEXTがコンピュータを高校教育で使う利点について，3点列挙しているのに対して，講義ではその欠点について述べています。「問題→解決→理由」などの図式に従って，構成を整理すると以下のようになります。

それぞれの構成を整理してみる

●TEXT
イントロ：コンピュータは生活を便利にした
（**問題**：コンピュータは高校教育において役に立つか？）
主張：有用である
例示：説明
　　1　計算を速く行える
　　2　ビジュアル化が簡単
　　3　大学や職場でのコンピュータ使用に慣れる

●LECTURE
イントロ：コンピュータには利点と欠点がある
（**問題**：コンピュータは高校教育において役に立つか？）

主張：欠点もある
例示：説明
　　1　手で計算する能力・意欲が落ちる
　　2　言語的な理解能力が低下する
　　3　読み書き計算などの基礎的スキルのほうを重視すべきだ
結論：マイナス面を考慮して，節度を持って使用すべきだ

メモから対比の形式へ

　上のようなメモが取れれば，どういうことをどういうふうに書けばいいかはもうおわかりではないでしょうか？　まず，両者で共通する論点が高校教育におけるコンピュータの使用であることを挙げます。次にどこで違いがあるか，つまり前者がコンピュータ使用の利点を強調するのに対して後者がその欠点を述べていること，をハッキリさせます。さらに，対立点は3つですので，それを一つ一つ挙げて説明していきます。ラストには，全体のまとめを書いてもよいでしょうが，書く時間の短さを考えると省略してしまったほうがよいかもしれません。実際，ETSのSample AnswerではTask1については結論が書いてありません。以上を総合すると，まとめるべき内容はだいたい以下のようになります。

▼Task1の仮構成

問題	（高校教育におけるコンピュータの使用の是非は？）	
意見	**TEXT** 利点を強調する	**LECTURE** 欠点を主張する
例示・説明	1　計算が速くなる 2　ビジュアル化が簡単にできる 3　大学や職場でのコンピュータ使用に慣れる	1　手で計算する能力が落ちる 2　言語的な理解能力が低下する 3　読み書き計算などの基礎的スキルのほうを重視すべき
結論	（コンピュータは有用）	欠点を是正して使用すべき

評価の基準

このTask1についても，ETSは評価基準を示していますが，まとめてみると，次の3点であることがわかります。

1　講義の重要ポイントを含んでいる
2　文章との関係を明確に示している
3　語法・文法上の間違いが少なく，意味に影響を及ぼしていない

Task2に比べると，3の語学的側面についての言及が目立ちますが，それでも講義の内容把握と文章との関係という1と2のほうが重視されていることがわかります。表にまとめると次のようになります。

▼Task1の評価基準

スコア	要素	到達度
スコア5	講義の情報との対応 文章との対応を示す 文章表現の正確さ	○ ○ △
スコア4	講義の情報との対応 文章との対応を示す 文章表現の正確さ	○ △ △
スコア3	講義の情報との対応 文章との対応を示す 文章表現の正確さ	△ △ △
スコア2	講義の情報との対応 文章との対応を示す 文章表現の正確さ	△ × ×
スコア1	講義の情報との対応 文章との対応を示す 文章表現の正確さ	× × ×

Section D 本書で示すスタイル

このようなAcademic Writingの特徴は読者に対する焦点化として考えることができます。論文という文章は，芸術などの自己表現とは違い，読者に自分の伝えたいメッセージを正確に伝え，「なるほど，そうなのだろうな」と納得・同意させることが目標になります。そのためには，書き手が好む順序・構成をするのではなく，読者（TOEFLの場合は採点者ですが）が納得しやすいような順序・構成にする必要があります。

読者に対する焦点化

> 読者のリアクションに配慮する

つまり，意見・主張がどこにあるかすぐわかり，その理由が明確に述べられ，さらには証拠・例示・データなどがそれに対応して，整理されて並べられている。つまり，理論と事実（あるいは理性と感性）の両方から，読者が同意するというリアクションを取りやすいように書くべきなのです。そのためには，常に先に書いてあることが予想でき，かつ新しい概念や議論が出てきたときには，すぐ詳しく簡単な概念に言い換えられ，説明されなければなりません。そのような構造に従って書かれた文章は当然わかりやすく，意図も明快に読み取れるわけです。このような文章をReaders Orientedな文章といいます。

Focus! Academic Writingの特徴＝先に書いてある内容が予想できる＋新しい概念はすぐ詳しく言い換えられる

Academic Writingはもともと学術論文の書き方の方法論として発達しました。学者仲間で共有された問題を取り上げ，その問題を扱う価値を確認し，それを鮮やかに解決してみせる。その解決の信用度を高めるために，まず理屈によって今までの理論との接合をつけ，次に事実やデータを提示することで，机上の空論ではなく，実証ができることを示すわけです。

> メッセージを効果的に読者に伝える形式

このようなメッセージを効率的に読者に伝えるためには，どのような順序で，どんな表現・単語を選び，どのような議論を提示すればいいのか，そこがAcademic Writingの探求すること

です。たとえば，後で詳しく述べますが，**Point First**などの工夫はメッセージの伝達を非常に効率的にします。**Point Firstとは，大事なことをなるべく文章（段落）の冒頭に簡潔に書くという原則**です。

　このような工夫をすることで，読者は一番根本的なことにいち早く導かれ，文章の進行していく方向性を見失わずにすみます。逆に，細かな事実・データから出発すると，読者は肝心なメッセージがどこにあるのか，後のほうにならなければわからない，という状況に陥ってしまいます。そうならないように，**Academic Writing**の技法に照らしていつもチェックする必要があります。

心理による裏付け

予想されるスキームに従う

　こういう工夫をわざわざする裏付けとしては，人間の理解や認知に対する心理を考えることができます。人間は一つのイメージを与えられることで，その先の展開をだいたい予想して，具体的なアクションをしようと身構えます。その予想されたスキームに合ったことが出現すれば，素早く理解・処理できますが，逆に最初のイメージと外れたことに出会うと，理解・処理のスピードは遅くなる。

大きなイメージから細かな情報へ

　文章を読むということも，字を目で追うという具体的な作業を通して，そこに含まれているメッセージを理解するという行為と考えることができます。したがってより速く効率的に理解するには，**最初に大きなイメージを与えて，その理解を共通の基盤として，より深く細かい情報を与えていく**ほうが，ずっと理解しやすく効率的であるはずです。ここでは，これらの原理を詳しく述べることはしませんが，人間の理解・認知の原理に即した方向で，単語・表現の選択をし，文章全体も構成していくというのは，文章を書くうえで最も大切な原理と言えましょう。**Essay**ではこの原理が全体構成から細部にわたるまで浸透していなくてはなりません。

1 TOEFL Writingと本書の方法   Exercise

Example 1-2 Task1の問題を実際に解いて，現在の力を確かめてみよう。スコア別に解答例を示したので自分のレベルと比較してみること。

Sample Answer 1

Score 5

　　The written text and the lecture by a lecturer deal with three ways computers have affected high school education. Both focus on the computational power of computers, the visualization capabilities of computers, and the value of teaching computer skills. The text stresses the positive effects of computers, but the professor stresses the negative effects.

　　The text and lecture conflict over the benefits of the computational power of computer. The former contends that computers are beneficial because they allow students to make large calculations in a short amount of time. The latter, however, notes that students who always use a computer to carry out their calculations fail to develop the ability to carry out estimates in their head.

　　Moreover, the two disagree on whether visualizing information has improved high school education. The text stresses that computers are beneficial because they allow students to present information graphically. The lecture contests this merit by noting that if information is always presented graphically, students fail to develop the ability to follow spoken and written arguments.

　　Finally, the two also disagree on the value of teaching computer skills as part of preparation for the students' lives after graduation. According to the text, teaching computer skills is important because computers are used widely in the university and the workplace. According to the lecture, however, skills such as reading, writing, and calculating are more important than computer skills.

Score 4

The lecturer points out negative aspects of use of computers in high school education. Admitting the basic advantages of computer stated in the passage, he further points outs its hidden possibilities of unfavorable influences.

Firstly, heavy dependence on computers can ruin students' capacity to deal with the object in their own head. As the passage says, computers are indeed powerful tools for calculating, and they enable students to analyze data quickly. But the lecturer's research shows that when students get used to such facility, they tend to be idle and less able to calculate or estimate by themselves, without the aid from computers.

Secondly, abundant visual information from computers can spoil students' linguistic ability. The text suggests that computers provide us with visualized image such as charts and graphs, so that we can grasp the information clearly. But the lecturer found that students who get accustomed to the visual information often become weak in understanding written and verbal information.

And lastly, training of basic skills can be neglected when the importance of computer skill is overemphasized in high school education. It is true, as the passage says, that both in universities and in companies knowledge of computer is often required. Still, without fundamental abilities such as reading, writing, calculating, we cannot even use computers effectively. So before learning how to handle computers, students should develop the basic skills in high school.

Score 3

Whereas the passage recommends the use of computer in high school education, the lecture shows some concern about it.

First, students can become lazy by getting used to computers. Passage says that computers are excellent in calculating, so by utilizing them, students can reach the right answer or conclusion quickly and accurately. But depending too much on computers, students often become helpless without the aids of computers. They cannot think by themselves, and become too impatient to work by their hands.

Second, paragraph suggests computers can provide visual aid as supplements to verbal explanations, and these supplements help us to understand the given information easily. But the lecturer points out that this visual information can damage students' ability to understand things through words. In other words, we become unable to communicate in the real world.

Third, using the computer from high school, students often decline their basic ability. Absorbed in the computer training, they tend to ignore the importance of writing, reading, calculating. Although their future studies and jobs will want students to operate computers, the basic skills should not be ignored. Otherwise, we will end up with poor result.

Score 2

We usually think computers are convenient, and it seems good enough to learn how to use computer from high school. But the lecturer contradicts it.

Computers are advantageous in high school because, first of all, it allows student to calculate quickly and accurately. And computers offer us visualize information. This information enables students to understand lectures easily. Moreover, we have to employ computers in university and companies, so it is required for students to prepare for later studies and career by learning how to use computer in high school.

　　But the lecturer says it is not true. Being accustomed to using computers, student cannot calculate by their hands. And also by visual image given by computers our understanding toward language can be deformed. It is not altogether late to study computers in university. We have a lot of things to study before learning how to use computers. Thus the lecturer objects against introducing computers in high school education.

▼日本語訳
Score 5
　書かれたテキストと講師による講義は，コンピュータが高校教育に与える3つの影響を扱っている。どちらも，コンピュータの計算能力，情報を視覚化する能力，それからコンピュータ・スキル習得の価値に注目する。ただ，テキストはコンピュータの高校教育に与えるプラス面を強調するのに対して，講義ではそのマイナス面を強調するのである。

　まず，コンピュータの計算機能のもたらす利益についてテキストと講義は対立する。前者によれば，生徒たちはコンピュータを使って短時間で多量の計算ができるようになるから，コンピュータは有益だと言う。しかしながら後者は，コンピュータにばかり頼って計算する生徒は，頭脳を使って概算する能力を発達させることができなくなると警告するのだ。

　さらに，テキストと講義は情報の視覚化が高校教育に有益かどうかについても意見を異にする。テキストではコンピュータのおかげで生徒が情報を図示できるので役に立つと言う。しかし，講義では情報がいつもグラフ形式で表されると，むしろ文字や言葉を使った議論に対する理解能力が発達できなくなってしまうと言って，このメリットに異を唱える。

　最後に，卒業後の生活に対する準備としてコンピュータ・スキルを教える意義についても両者は食い違う。テキストによれば，コンピュータは大学や仕事場ですでに広く使われており，コンピュータ・スキルを教えることは重要である。ところが，講義によれば，読み書き計算などのスキルのほうがコンピュータ・スキルよりもずっと大切だという。

Score 4

　講義では，高校教育におけるコンピュータ使用の否定的側面を指摘する。文章で述べられているコンピュータの基本的な利点を認めながらも，そこには望ましくない影響が隠されているかもしれないと指摘する。

　第一に，コンピュータに依存しすぎると，頭の中で対象を取り扱うときの能力が破壊される可能性があると言う。テクストが述べているように，コンピュータは計算のときには役に立つ道具だし，データの分析も早くなるだろう。しかし，生徒たちがそういう便利さに慣れすぎると，怠惰になったりコンピュータなしでは計算能力が落ちたりすることが，講師の研究では明らかになった。

　第二に，コンピュータによってビジュアル情報は豊富になるが，生徒の言語能力がダメになる。テクストでは，コンピュータのおかげで，図やグラフなどビジュアルイメージが豊富になり，情報が明晰に把握できるようになったと述べる。しかし，講師によれば，ビジュアル情報に慣れた生徒は，しばしば書き言葉や話し言葉の情報の理解に困難があることが，明らかになった。

　最後に，高校教育においてコンピュータ技術の重要性が強調されすぎると，基本的な学力の訓練が軽視されかねない。確かにテクストが述べるように，大学や職場ではコンピュータの技術を持っていることがしばしば要求される。しかし，読み書き計算などの基本的学力がないと，われわれはコンピュータさえもうまく使えない。したがって，コンピュータを使いこなす前に，生徒は高校で基本的な学力をつけるべきなのである。

Score 3

　テクストのほうが高校教育におけるコンピュータ使用を勧めているのに対して，講義ではちょっとまずいのではないかと心配している。

　第一に，生徒たちはコンピュータに慣れると怠惰になるからだ。テクストで言うように，コンピュータを使うと計算が飛び抜けて速くなるので，生徒たちは正解や結論に直ちにたどり着く。しかし，コンピュータに頼りすぎるようになると，コンピュータがなくなるとどうしていいかわからない。自分で考えることもできず，手仕事で計算するのもいやがるようになるのだ。

　第二に，テクストではコンピュータは言語的な説明に加えて視覚的な補助ができるようになると述べる。これらの補助があることで，与えられた情報を簡単に理解できるというのだ。しかし，講義では，この視覚情報は言葉を通して物事を理解する能力をダメにすると指摘する。別な言葉で言えば，現実世界でコミュニケートすることができなくなるのである。

第三に，高校からコンピュータを使うと，生徒の基本的能力が衰える。コンピュータの訓練に夢中になると，彼らは読み書き計算などの重要性を無視してしまう。将来の学業や仕事では生徒たちにコンピュータができることが期待されるだろうが，基本的能力も軽視されてはならない。そうでないと，ひどい結果になるだろう。

Score 2

　われわれはコンピュータを便利なものだと思っており，高校からコンピュータの使い方を習うことはよいことだと思っている。しかし，講義ではそれは間違っていると主張するのである。

　まず何よりも，コンピュータを使うと，速くそして正確に計算できるという利点がある。そして，視覚情報も得られる。この情報のおかげで授業も簡単に理解できる。さらに，大学や会社でコンピュータを使うので，生徒たちは大学での学業や仕事の用意をするためにも，コンピュータの使い方を学ぶことを求められるのだ。

　しかし，講義では，それは間違っていると言う。コンピュータを使うことに慣れてしまうと，生徒は手で計算することができなくなる。さらにまた，コンピュータに与えられる視覚情報のために言語に対する理解も変形（「低下」の誤用）する。大学に入ってから，コンピュータを学んでも遅くないのだ。コンピュータを学ぶよりも前に学ばなければいけないことはたくさんある。このように，講義では，高校教育におけるコンピュータの導入に反して（「対して」の誤用）反対するのである。

Chapter 2 序論の意味と書き方

Essayの序論の主な機能は，問題を提示し，それに大ざっぱな解決を与えることです。しかも全体の内容をある程度予告しなければならない。この機能を満たすため，さまざまな書き方が考えられます。

A 序論の機能
問題と解決の提示とその後の内容を予告する

B 逆接表現とDestabilization
逆接表現を使って，常識・通説を疑わせる

C Task1の場合の応用
冒頭で2つの議論の関係を明示する

2 序論の意味と書き方　Lecture

Section A　序論の機能

一般的な序論の機能

　英語学校でEssay Writingを習うときは，よく「序論Introduction→本論Body→結論Conclusionという3つの部分で書け」と言われます。しかも，Introductionとは1 paragraph必要で，「エッセイの導入部に当たる」とも教えられます。しかし，「導入部」というだけでは，実際どういうことを書けばいいのか，何も情報はありません。だから「Introductionを書かなければならない」と言われても，はたと困ってしまうということになります。

> 序論に何を書くのか？

　こういう場合は，まず根本の原理に戻ることが早道です。序論はそもそも，Essay全体に対してどういう機能を果たすのか，どんな内容が出てくるべきなのか？　どう書けば効率的なのか？　それらがわかれば，どんなことを書けばいいのか，見当がつくはずです。

問題と解決の構造

　Chapter 1でもちょっと触れたし，後のChapter 3でも詳しく言及しますが，論文Essayのエッセンスは問題と解決の組合せにあります。ある謎があって，それに対する自分なりの解決を提供するという構造です。小説はおもしろいキャラクターとわくわくするストーリーが生命であり，俳句が印象的な情景を短い言葉の羅列で鮮やかに切り取ることが本質であるのに対して，論文Essayは**問題があってそれを解決することが最重要の内容**なのです。しかし，解決するためにはまず問題Problemを見つけなければならない。日本語で言う「問題提起」という作業が必要になるわけです。

> 問題と解決の構造の導入部である

　問題は，だいたい疑問・対立・矛盾などの形で表すことがで

きます。たとえば，「日本の若者はなぜ数年で仕事を辞めるのか？」「ある人はニートの数は増えていると言う。しかし昔に比べてそれほど増えていないという人もいる」「経済は順調に発達しているはずなのに，世界の半分が飢えている」などという形ですね。こういう問題は皆忘れていたほうが心穏やかに過ごせるので，日常生活のルーティンの中ではむしろ問題はあえて忘れようとしています。

問題がないと始まらない

> むしろあえて問題を掘り起こすことが大事

しかし，論文Essayの場合は，むしろ問題がなければ文章も思考も始まらないと言えます。だから，今まで常識的だと思われていたこと，問題がないと思われてきた分野でも，あえて疑問・対立・矛盾を掘り返して，解決しなければならないものとして目の前に据える必要がある。

極端なことを言うと，たとえ「真理」「事実」と普通は見なされていることの中にも，あえて疑問や対立を見いだすという行動に出なければならないわけです。したがって，常識的な見方が出てきても「ちょっとおかしいのではないか？」と述べるし，事実だと思われていることがあると，「本当にそうか？」と確認させる。そういう表現が必要になってくるわけです。

結局，Introductionはこういう論文Essayの導入部なのですから，その基本的な機能は，読者もよく知っている常識的な見方から始まったとしても，それをひっくり返し，新しい見方・疑問・対立を導入して，思考・文章を出発させる，ということにあるのです。

Focus! Introduction＝常識・事実の後ろにある疑問・対立・矛盾に注目する

典型的なIntroductionの段落

それでは，これらの条件を満たした典型的なIntroductionの段落を見てみましょう。

Example 2-1

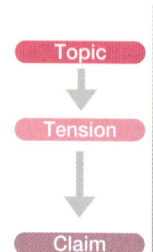

Topic → **Tension** → **Claim**

There are many different theories regarding what motivates human beings to act in the ways that they do. On the one hand, there are those who argue that all human actions are motivated by selfishness. On the other hand, there are also those who contest such a view. I agree with the former position because it is supported by evidence from biology and psychology.

【日本語訳】

　人間が行動するときの動機については，さまざまな理論がある。人間行動のすべては利己的動機によると論ずる人がいる一方，他方ではそういう見方に反対する人々もいる。私は，前者の主張に賛成である。なぜなら，これは生物学や心理学で得られた証拠によって支持できるからだ。

話題を提示して対立に持っていく形

　これが，対立に基づいて問題Problemを導き出す形であることはわかりますね？　まず第1文でその前提になる話題 "what motivates human beings to act in the ways that they do"「人間が行動するときの動機はどこにある（何なの）か？」をまず提示します。第2文・第3文が "On the one hand...On the other hand..." の形を取って，対立の構造になっている。さらに，"I agree with the former position..." とそのうちの一つに自分が賛成であると立場を表明して，しかもその根拠は先行する学問に証拠があると議論の方向をさし示しています。

文	機能	表現
1	話題の提示	There are many different theories regarding what motivates human beings to act...
2	対立の一項	On the one hand...
3	対立の他項	On the other hand...
4	立場・根拠	I agree with the former position because...

> 第1文は概念を導入するところ

　ここで第1文の役割を考えてみましょう。これはこれから論じられる問題についての大ざっぱな考え・概念notionを導入するところとも考えられます。人間の行動は利己的だという主張と，利己的とは限らないという主張の対立という明確な事態をまず"There are many different theories..."という概括的な表現で述べているのです。

General to Specific

　この書き方はGeneral to Specific と言われる方法と関係があります。論じようとする問題を述べる前に，まずそれを示唆する導入部を書くわけです。与えられた問題から出発すればとりあえず解決は考えられるのに，どうして，わざわざ，こういう文を付け加えるのでしょうか？　これは「すべての人間行動は利己的動機によるかどうか」という設問をより広い文脈の中でとらえ直している，あるいは，その問題を含むより幅広い知識と教養を示していると考えることができるのです。

Focus!　General to Specific＝問題を含むより広い知識・教養を示す書き方

> General ClaimからSpecific Claimへ

　つまり，扱わなければならない問題に入る前に，その問題を含むもっと広い立場あるいは状況を表すGeneral Claimを書いておく。それをこれから自分が考察しようとするSpecific Claimに結びつける。このような書き方は，逆に言うと，与えられた問題だけでなく，**その問題に対するより広い観点general scopeを書き手writerが持っている**ことを示します。読み手のほうから言えば，この部分を読めば書き手の知的背景Backgroundのレベルがわかるので，エッセイを評価するのに便利ですね。

　実際，このような方法はアメリカの高校生たちが受ける授業などではほぼ標準化している書き方だと言われています。したがって，**TOEFL**の**Task 2**などでもこの書き方で書けば，教育的意図から言っても高く評価される可能性は大きいと言えます。もっと典型的な例を見てみましょう。

Example 2-2

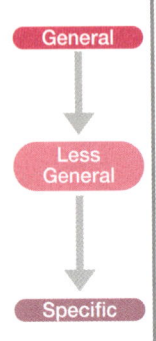

General → **Less General** → **Specific**

> The computer has changed our lives in so many ways, but like every invention it has its positive aspects and its negative aspects. Both of these aspects are also present in the use of computers in high school education. Although many people stress the positive aspects of computers in high school education, my own research and experience have uncovered a number of important negative aspects related to the overuse of computers in high school education.

GeneralからSpecificへのやや複雑なつながり

　これはChapter 1でも取り上げたTask 1のLECTUREの冒頭部分を少し変更したものですが、ここでは第1文が"The computer has changed our lives in so many ways..."とコンピュータの効果一般について述べている（General Claim）のに対して、第2文では"...in the use of computers in high school education"と高校教育という限定された領域におけるコンピュータを扱い（Less General Claim）、最終的には"negative aspects...of computers in high school education"というように、特定の問題について主張をする形（Specific Claim）になっています。

1	General Claim	The computer has changed our lives in so many ways...
2	Less General Claim	...in the use of computers in high school education
3	Specific Claim	...my own research and experience have uncovered a number of important negative aspects...

これもコンピュータがより広い社会的な状況の中でどういう位置づけであるかをまず明らかにして，そこでもよい面と悪い面があることを指摘したうえで，おもむろに「高校教育におけるコンピュータ使用のマイナス面」という本来の問題に対する主張につなげています。このGeneral ClaimからSpecific Claimへと移行することでIntroductionを書く方法をGeneral to Specificと言うわけです。

Focus ! Task 2の解答では，General to Specificの構成が有効に使える場合が多い

GeneralとSpecificの内容関係

このGeneral ClaimからSpecific Claimの移行の過程で，この2つのclaimの内容関係は肯定・否定の両方で書くことができます。つまり，General Claimで述べた内容を肯定する形でSpecific Claimが述べられる場合と，General Claimで述べた内容を否定する形でSpecific Claimが述べられる2つの場合があるわけです。

> GeneralからSpecificが肯定と否定の場合

Example 2-3

●肯定の場合

It is often said that most things cannot be learned merely by watching or observing. For example, there is the often used statement about swimming: "You cannot learn to swim if you never jump into the pool." I would argue that a *similar* truth holds for learning a language because the best way to learn a language is to practice using it.

●否定の場合

It is often said that most things cannot be learned merely by watching or observing. For example, there is the often used statement about swimming: "You cannot learn to swim if you never jump into the pool." As a practicing art historian, however, I disagree with the supposed truth of this statement because most of the learning in art history takes place in observing works of art.

日本語訳

肯定の場合
よく言われることだが，見ているだけでは学習できないことはたくさんある。たとえば，「水泳はプールに飛び込まなければ身につけることはできない（畳の上の水練）」とはよく言われることである。私は言語を学習するときにも，同様なことが言えると思う。つまり，言語を学習するには実際に使ってみて練習するしかないのだ。

否定の場合
よく言われることだが，見ているだけでは身につけられないことはたくさんある。たとえば，「水泳はプールに飛び込まなければ身につけることはできない（畳の上の水練）」とはよく言われることである。しかしながら，美術史の専門家として言うと，この見解が正しいとは思えない。なぜなら，美術史の学習のほとんどは美術作品を観察することで行われるからである。

GeneralからSpecificの関係を確認しよう

Example 2-3 の「肯定の場合」では，General Claim で述べられた内容と類似の内容「見ているだけでは学習できない」が，Specific Claim では言語学習という自分が述べたい問題と共通するものとして述べられます。それに対して，「否定の場合」では General Claim で述べられた内容「見ているだけでは学習できない」とは反対の内容「見ているだけでも学習できる」という主張が，美術史という分野のこととして述べられるわけです。

いずれにしろ，第1文は「見ているだけでは学習できない」というかなり一般的な問題を導入にして，自分の述べた問題と解決，つまり，前半なら「言語は使ってみて初めて学習できる」，後半なら「美術史では見ているだけでも学習できる」につなげているわけですね。

▼ **Example 2-3**の構成

肯定の場合

文	機能	内容
1	General	...many activities cannot be learned merely by watching
2	Example	you cannot learn to swim
3	Specific Claim1	...similar truth holds for learning a language...

否定の場合

文	機能	内容
1	General	...many activities cannot be learned merely by watching
2	Example	you cannot learn to swim
3	Specific Claim1	...however, most of the learning in art history takes place in observing works of art

　このようにGeneral to Specificと言っても書き方はいろいろで，臨機応変に内容を選んでいくことができるのです。

💢 GeneralからSpecificの移行は肯定・否定のどちらでもよい

文章全体の内容の予告

序論で読者の期待が形成される

　ただ，大切なのはこのIntroductionを読むことによって，その後のEssayがどのように進んでいくか，その方向を大ざっぱに示していなければならないという点です。**Example 2-1**に戻って考えてみましょう。この末尾では，人間の行動は利己的動機に基づくほうに賛成して，その証拠として"evidence from biology and psychology"を挙げています。したがって，この後の段落ではその「証拠」とはどういうものか示さねばならないし，読者もそれらがどういうものか読みたいでしょう。

　つまり，この"I agree with the former position because it is supported by evidence from biology and psychology."という一文を読むと，このEssayがこの先，生物学と心理学の２つの

分野において，"all human actions are motivated by selfishness"すべての人間行動は利己性に動機づけられているという判断に合致するデータ・観察・実験を用意しなければならないことがわかります。しかも，生物学と心理学はまったく別の分野ですから，たぶん1段落ずつ証拠を出して説明するという進行になることでしょう。つまり，以下のような構成になるのが予測されるわけですね。

> 序論とその後の段落の関係

▼予測される構成

I agree with the former position because it is supported by evidence from biology and psychology.

⬇

Paragraph referring to biology

⬇

Paragraph referring to psychology

　Chapter 1でも述べたように，英文のEssayでは重要なメッセージほど前に出ることが推奨されます。つまり，全体を読まないと内容がわからないのではなく，冒頭を読んだだけで全体がどうなっているか見当がつくことが大切なのです。ですから，Introductionはその先にどういう内容が来そうか，予測ができる範囲で書くべきだというのが原則になるわけです。
　したがって，Introductionはここで扱う問題に対して一応の解決を提示するとともに，その大ざっぱな根拠までを挙げて，これから先の議論Argumentの方向を指し示す。余裕があれば，問題のより広いとらえ方から，この特定の問題までの流れを作る，という考え方でよい。つまり，General to Specificで3 sentences, 1 paragraphを表すと次のようになります。

> 序論では解決と根拠まで提示するのがよい

▼General to Specificを使ったIntroduction

順序	機能	内容
1	General notion	問題をより広い文脈から考察する
2	Specific Solution ＋Reason	ここで取り上げるべき問題とその解決＋根拠の概要

Focus! Introductionは全体の予告になる範囲で書く

▼▲▼ Warm Up！ 2-A 〈小問を解いてみよう〉 *Let's try*

1. State whether you agree with the following statements. Give your reasons as well.

   a) It is a good idea to put most or all background information in the introduction.
   b) It should be possible to understand the main problem or issue that will be discussed in the essay by reading the introduction.
   c) Never state your own view in the introduction.

   Let's try !

2. Look at example Example 2-1. Replace the last sentence of the paragraph with a sentence in which you argue that human beings are basically motivated by selfishness.

▼解答は254ページ

Section B 逆接表現とDestabilization

Section Aでは問題と解決，General to Specificなどを説明しましたが，実はさらに考えれば，いちいち「問題はこうである」というように明示しなくても，今まで普通に受け入れられてきた常識的見方あるいは通説をまず紹介して，それに対して，「必ずしも正確ではない」とか「少し矛盾がある」と疑念を呈するだけでも，読者に対して「え，なぜだろう？」という疑問を感じさせることができます。たとえば，次のようなパターンを見てみましょう。

通説・常識の批判という形式

Example 2-4

Common View → **Claim**

Many individuals involved in sports (fans, players, and coaches) believe that the best way to improve one's skills in a sport is to practice constantly. For example, it is not uncommon for coaches to stress that the key to improving one's skills is to practice everyday. Those who hold this view are essentially endorsing the often heard "practice makes perfect" approach to sports. A number of star professional sports players, however, note that such an approach does not accurately reflect their own experience because they claim that their skills improved most when they alternated periods of intense practice with periods of rest.

📖 日本語訳

スポーツにかかわっている人々，つまりファン・選手・コーチたちは，スポーツの技術を向上させる一番よい方法は，絶えず練習し続けることだと思っている。たとえばコーチたちは，技術を向上させるポイントは毎日練習することだと強調する。こういう見方をする人は，結局「練習こそが上手になる秘訣」というよく言われるやり方をスポーツでも支持しているのである。しかしな

> がら，プロスポーツの有名選手の多くはそういうやり方は必ずしも自分の経験と合致しないと言う。彼らは，技術が向上するのはむしろ激しい練習と休息を交互に行うときであると主張するのだ。

構造を詳しく見る

ここでは，まず"Many individuals involved in sports (fans, players, and coaches) believe that..."「スポーツにかかわっている人々，つまりファン・選手・コーチたちは…」と常識的な見方を提示しています。しかし，その後すぐに，逆接の接続詞を使って"A number of star professional sports players, however, note that..."とその見方が「プロスポーツの有名選手たちの経験と合っていない」と疑問を呈しているわけです。

練習を積み重ねればうまくなるというのは，ごく普通に行われている常識的見方・通説ですから，それが違う・間違っている・正確ではない，などとあえて抗うのは，「非・常識」的な見方ですね。このように常識と非・常識が対立する状況を逆接のhoweverを持ち出してくるだけで作り出しているわけです。

逆接で非・常識的な見方を導入する

この逆接の接続詞は，接続詞の前より後のほうを強調する接続詞ですから，言いたいことの中心は後にある。しかし，世間的な常識，つまり読者の考えていること・知っていることは前の文に表されている。ここで，読者はある種の摩擦・緊張tensionを感じるわけです。当然，「この矛盾をどうにか解決したい」という気分も味わうことになります。これで問題が提示されたことになるわけですね。

Focus! 通説に対して緊張tensionを導入する

もちろん，論文では自分のオリジナルな意見を主張することが評価されます。今まで，だれも言わなかったこと，だれも考えつかなかったことを発見すれば，オリジナリティあふれる内容として高い評価を受けるわけです。ここでは，まだそのオリジナルな意見を十分展開しているわけではありません。しかし，

それでも常識・通説に疑問をまず呈して，オリジナルな意見を述べるための基礎を作っておかなければなりません。その意味で，but, however, nevertheless などの逆接表現を使う比率が多くなってくるわけですね。

Example 2-5

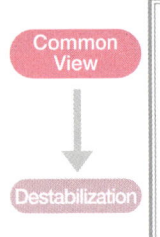

Common View
↓
Destabilization

Some people believe that the number of bullying incidents in schools can be reduced if schools increase the number of counselors they have on staff. Recent statistical data on bullying from schools with a large number of counselors, however, suggest that it is questionable whether having a large number of school counselors is sufficient to reduce the number of bullying incidents at school.

日本語訳

学校におけるいじめ事件は，カウンセラーの数を増やすことで減少させることができると考えている人もいる。しかしながら，多数のカウンセラーを抱える学校を対象としたいじめに対する最近の統計データを見れば，カウンセラーの数を増やすだけで学校におけるいじめ事件を減らすのに十分であるかどうかはかなり疑問があるとわかる。

通説・常識を逆接を使って疑問視する

この例も前とよく似ています。"Some people believe..." という表現ですが，常識的な見方をまず示し，読者の既存知識との橋渡しをしておいて，それをhoweverという逆接の接続詞を使って，"questionable" とひっくり返す。今まで疑問の余地のないことだと思われていたことに対して，「ちょっとそれは違うんじゃないの？」と反対の見方を導入しているわけです。

常識に抗する主張

このような方法をDestabilizationと言います。Stabilizeは安

定させるという意味ですから，そこに否定のde-と名詞化する語尾-ationを合わせて日本語で訳すなら，「不安定化」ということでしょうか？　いずれにしろ，今まで常識・通説だと言われていた内容に対して「必ずしも正しくないのではないか？」と疑念を生じさせ，その正当性を「不安定化」しているわけです。

> 通説・常識を不安定化する

　そもそもEssayはフランス語のessayer試みるという単語から来ており，「試行」というぐらいの意味です。つまり，今までなかったこと・存在しなかったことを新しく書いてみるという意味なのですね。それに対して，日本の大学で文章を書くときによく使われる「レポート」という言葉はreport報告するから来ており，「わかっていることをもう一度述べる」という意味になります。

　この「新しくやってみる」ということが論文Essayの本質です。つまり，学習した内容を教師の前で再度述べることではなく，今まで言われなかったこと，気づかれなかったこと，あるいは誤解していたことが本当はどうだったのか，など，常識や通説に抗して新しい内容を述べるというオリジナリティが必要なわけです。これは科学の発見の根本精神とも適合しています。ここを間違えると，そもそもEssayにならない。

> 通説・常識に対抗して新説を述べるのが大切

　当然のことながら，ここではだれでも知っている「真理」「事実」「通説」「常識」などは意味がありません。というより，「真理」「事実」と思われていることの中に，あえて疑問や対立，矛盾を見いだして不安定にするという行動に出るわけです。したがって，常識的な見方が出てきても「ちょっとおかしいのではないか？」と述べるし，事実だと思われていることがあると，「本当にそうか？」と確認させる。そういう表現が必要になってくるわけです。

Focus! Destabilization＝常識的な見方から始まりながら，それをひっくり返し，新しい見方・疑問・対立を導入する

TOEFL Task 2におけるIntroduction

　さて，一般的なIntroductionの機能が以上のようなことだとして，TOEFL Writingの場合はどうなのでしょうか？　実は

TOEFL Task 2で は事情が特殊である

Task2では，以上に書いたようなIntroductionの機能はほとんど必要ないと言ってもよいでしょう。なぜなら，TOEFLの場合には答えるべき問題がすでに与えられているからです。だから，問題を新しく立てる必要はないし，当然のことながら，わざわざ常識をひっくり返して，そこに疑問や対立を持ち込む必要もないのです。たとえば，Task 2の典型的設問は次のような形になっています。

Example 2-6

Task 2の典型的な設問形式

> **1.** Do you agree or disagree with the following statement?
>
> All human actions are motivated by selfishness.
>
> Use specific reasons and examples to support your answer.
>
> **2.** Some people believe all human actions are motivated by selfishness. Other people believe all human actions are not motivated by selfishness.
>
> Which of these positions do you prefer?
> Give reasons and specific details.
>
> (日本語訳)
> 1. 次の言明にあなたは賛成か，それとも反対か？
> すべての人間行動は利己的動機に基づいている。
> 具体的な理由や例示を用いて，自分の主張を根拠づけよ。
>
> 2. すべての人間行動は利己的動機に基づいていると信じる人もいれば，必ずしもそうではないと思っている人もいる。
> あなたはどちらの立場に賛成か？　理由を挙げて説明せよ。

問題はすでに与えられている

注意しなくてはならないのは，ここでは**問題problemはもう出題側から与えられて特定されている**ということです。したがって，非・常識的な見方に慣れていない読者を予想する必要はないし，自分の主張に到達する前にまず世間に受け入れられている常識から始めて，それをひっくり返すなどという面倒な手順を踏む必要はありません。だから，Introductionを書く際に，あれこれ頭を悩ませたり，工夫したりする必要がない。それどころか，問題に触れる必要さえありません。たとえば，解答を次のように始めてしまっても意味上はまったく問題はないのです。

> いきなり解決から書き始めても理屈上はかまわない

Example 2-7

> 1. I agree with the view, because...
> 2. I prefer the former view, because...
>
> (日本語訳)
> 1. 私はこの意見に賛成だ。
> 2. 私は前者の意見に賛成だ。

もちろん，こういう表現だけが同意や反対を示す書き方ではありませんが，とにかくIntroduction抜きでいきなり解決solutionから書き始めても「賛成か反対か」「どちらの立場を取るか」という題意には十分答えていることになるのです。

従来の教え方

> 伝統的な教え方では，序論を1段落書けと言う

しかしながら，従来のWritingの授業ではこういう場合であっても，Introductionは一応書くべきだと教えられてきました。しかも，Introductionで1 paragraph必要なので，最低3文以上書かなければならないと言われてきました。これはアメリカの中等教育での教え方が影響しているかもしれません。必ずIntroductionを書かねばならないし，それも1 paragraph書くの

が望ましいと教えられることが多いのです。

したがって、TOEFL対策を行うネイティブの教師も当然アメリカの高校は出ているわけですから、その評価基準に基づいて、TOEFLでも1 paragraphのIntroductionを書くようにという教育方法が次第に広がってきたのだと思われます。実際、筆者の一人がかつて英語学校で旧形式のTOEFL Writing対策の授業を受けたときには、そのように教えられていました。しかし正直言うと、Task2のような課題ではどういうIntroductionを書けばいいのか、その基準を示された覚えは一度もありません。質問しても要領を得ず、何を書いたらいいか、かなり悩んだことを覚えています。

> 序論の必要性はむしろTOEFL以後にある

それもそのはずで、そもそもIntroductionが必要なそもそもの理由のほとんどは存在しないのですから、わざわざ時間とスペースを取って書く意味はTOEFLの形式では薄いのです。もしあるとしたら、将来アメリカの大学・大学院で本格的な論文を書くときには、ほとんどの場合、問題は自分で探さねばならないので、その場合にはSection Aに述べたような方法が役立つから、今からその方法に親しんでおくのは無駄ではない、というぐらいの教育的意味しかありません。

❗ Task2ではIntroductionを書く意味はあまり見当たらない

最近の教え方

> 序論を軽視する傾向が強まっている

そこで、最近ではIntroductionは早めに切り上げて、さっさと本論Bodyに突進する方法が教室では好まれています。たとえば、Introductionは1 sentenceで切り上げて、"I agree with..." "I prefer..."という解決に入る、あるいははなはだしい場合はIntroductionをまったく抜きにすぐ解決から書いてしまってもしかたがないというのです。

これは、日本人受験者の学力事情を考えるとある程度合理的な選択だと言えるでしょう。そもそも書く時間・考える時間が少ないのに、メインの内容ではないIntroductionに時間をかけるのは得策ではないからです。しかも、出題形式から言っても、書く必要がない箇所なのですから、工夫して書いても、それが

評価や結果に十分反映されるとは限らない。Introductionに苦労して，他がおろそかになるぐらいなら，重要な部分の本論Bodyに注力したほうがスコアも上がるという計算なのです。実際，何とか無理してIntroductionの段落を書こうとして

> The question asks if I prefer...

など設問に書いてある質問を繰り返して提示するというばかばかしい間違いをする人も時たまいることを考えれば，まったく書かないほうがましである，という実際的判断が出てくることに不思議はないでしょう。

　以上のことを考えると，TOEFL writing Task2のIntroductionの実際的な書き方としては，次の2つのようなものが考えられるでしょう。

> 1　General to Specificの形でGeneral Statementを書き，設問に対する自分の解決をつなげ，その理由を述べる
>
> 2　常識・通説と思われる立場のほうをまず選び，それに対して逆接を使って解決をつなげ，その理由を述べる

　1は従来の英文ライティングでよく行われたやり方であるのに対して，2はより短くシンプルなスタイルです。ただし，Task 2で選ばれるTopicはどちらが通説・常識なのか，決めがたいものも多いので，使える範囲がある程度限られてくるかもしれませんね。

▼▲▼ Warm Up！ 2-B 〈小問を解いてみよう〉 ◀ Let's try

Write a sentence that destabilizes the given sentence.

Ex: "It is commonly believed that you should sleep early the night before an important test."

> Sample Answer:
> Some studies, however, show that going to bed earlier than usual can throw off your biorhythm.

1. "Many people believe that winning a lottery will solve all their problems."

   Let's try !

2. "Some think that the best way to assemble a strong professional baseball team is to recruit and sign expensive star players from other teams."

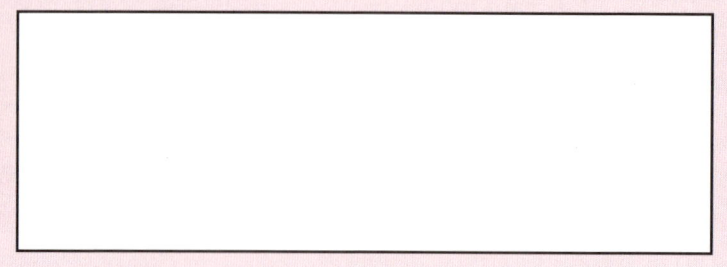

▼解答は254ページ

Section C　Task1の場合の応用

　これで，Task2の場合では，序論は大きな意味を持たないからなるべく簡単に済ませるという原則は理解できたと思います。もちろん，これはほかの場合，たとえば実際に留学した後に日常的に提出する学期末課題Term Paperなどでは必ずしも標準的ではありません。

<small>Task 1では序論は重要になってくる</small>

　それどころか，Task1でさえも序論IntroductionはTask2よりもずっと重要になってきます。なぜなら，Task1では2つの少し違った内容を要約しなくてはならないので，**この2つがどういう関係にあるのか，という概略を冒頭にIntroductionとして書いておく必要がある**からです。しかも，Introductionは予告になっていますから，その中に書いてある論点が後で一つずつ独立した段落となって展開される。したがって，Task1のIntroductionはTask2と違って，なくてもよいなどというわけにはいきません。むしろ，この部分をきちんと書いておかないと，「テクストと講義の関係を書け」という指定に背くことになってしまいます。たとえば，Task1で3文構成のIntroductionのparagraphを書けば，次のような構成が考えられると思います。

文	機能と内容
1	テクストと講義の関係
2	その論点1（→第2段落と対応）
3	その論点2（→第3段落と対応）

　もちろん，構成プランはこれだけではありません。たとえば，次のIntroductionはどういう文構成になっているでしょうか？

Sample Answer 1　35ページ　再掲

> The written text and the lecture by a lecturer deal

with three ways computers have affected high school education. Both focus on the computational power of computers, the visualization capabilities of computers, and the value of teaching computer skills. The text stresses the positive effects of computers, but the professor stresses the negative effects.

> 日本語訳
>
> 　書かれたテクストと講師による講義は，コンピュータが高校教育に与える3つの影響を扱っている。どちらも，コンピュータの計算能力，情報を視覚化する能力，それからコンピュータ・スキル習得の価値に注目する。ただ，テクストはコンピュータの高校教育に与えるプラス面を強調するのに対して，講義ではそのマイナス面を強調するのである。

トピックと論点の指摘，2つの関係の提示

　これはChapter 1のExerciseの解答の冒頭部分ですが，これは次のような構成になっています。

▼Introductionの構成

文	機能と内容
1	取り扱っているトピック（話題）の指摘
2	その3つの論点
3	TEXTとLECTUREの立場の対比

　この構成を見ると，2つの立場がどんな話題において，どんな論点で対立しているのかがわかるので，次に続く部分の予告としては十分に機能しているわけです。

ReadingやListeningでの役割

　さらにIntroductionの基本型について知っていることは，Task1の ReadingやListeningのときにも役立ちます。なぜなら，TEXTやLECTUREを理解するには，このIntroductionの構成が

重要な役割を果たすからです。

　TEXTでもLECTUREでも全体の概略の意味をつかむには、まず論文の構造「問題と解決」に基づいて、問題を探し出すところから始めるのですが、その問題problemが比較的探しにくい構造になっている場合が多いのです。

真の問題を探すときのヒントになる

　特に、最初の段落にいくつか疑問や対立の形が出てきたりする場合には、**どれが本当の問題problemなのかを見分ける**必要があります。そのときに、IntroductionはGeneral to Specificという形になっている場合がある、などと知識を持っていれば、どの問題が結局Essayで追究されていくものなのか、適切に見分けられると思います。

　つまり、最初に疑問・対立が出てきたとしても、それに目を奪われてはならず、むしろ、2番目の問題problemこそが重要という場合がかなり出てくるのです。General to Specificという形を知っておけば、最初に疑問・対立を読んだ段階でこれが全体で追究する問題とは限らないという理解ができていますから、その後の展開にも戸惑わなくて済むのです。

一般的なEssayの場合

大学・大学院の課題における序論は重要である

　前述のとおり、大学・大学院などのTerm Paperなどの場合は、TOEFL Task2とは違って、この序論Introductionの部分を充実させるのが大切であることも覚えておきましょう。Term Paperなどでは、書くべき大きな論題などが決まっていたとしても、その中で何を具体的な問題として取り上げるかは、学生に任されていることが多いのです。

　したがって、自分が何を問題として選ぶか、どうしてその問題を選ぶべきなのか、その価値や重要性はどこにあるのか、どんな条件の下で問題が出てくるか、などが詳細に論じられなければなりません。むしろ、この**序論の書き方が、自分の専攻する学問全体の中でこのEssayの位置づけがどうなっているかを示す**ことにもなるので、むしろ全体の評価を決定するかなり重要な部分になる場合が多いのです。

> **Focus!** 一般的なEssayでは問題の設定自体が重要な意味を持つ

独創性とDestabilization

　Essayの独創性Originalityの大部分は，どんな問題を選ぶかに依存しています。適当に難しく，内容的にも他の人が考えつかない個性的なもので，しかし制限枚数の中で解決できるような問題を選ばねばいけません。これはけっこう工夫を要するし，独創性も必要です。

　独創性とは，最も簡単に言えば，他人と違ったことを考えるということです。「他人の考え方と違う」のだから，当然，常識・通説に対して反対の考え方になるわけです。したがって，**自分の解決・主張Claimはほとんどの場合，常識・通説を否定したり批判したりする**。したがって，Destabilizationの形になることが多いのもうなずけますね。

> 独創性を追うとDestabilizationの形になりやすい

　ただし，その「他人との違い」は単に異なればいいというのではなく，社会的に意味・意義があるものでなければいけません。Introductionは問題を確定するだけでなく，その問題の意義は大きいのだから，その研究をすることは大切だと示す，逆にその研究をしないと弊害が多いと示すなどの工夫をしなければならない場合が出てきます。

> TOEFL以外では序論の書き方はかなり難しくなる

　これ以上の説明は，TOEFLの範囲を大きく超えるので，このぐらいにしておきますが，その意味で，Introductionの書き方は一般的になかなか難しい。むしろ，それに比べれば，Bodyの部分は，解決Claimを証明したりデータを出したりするだけなので，ひたすら努力すればある程度の結果が出る。その意味で，むしろBodyを書くのはやさしいとも言えるのです。

2 序論の意味と書き方　　Exercise

Exercise 2-1

Suppose you are asked to write an essay on whether you prefer to play individual sports or team sports. Write an introductory paragraph for such an essay.

HINT

Be sure to express your position.

Exercise 2-2

Suppose that many people believe that a given city, City A, is dangerous, but you have recently uncovered data that suggest otherwise. Write an introduction for a paper in which you argue that City A should no longer be viewed as unsafe.

HINT

What reason do you need to say that a city is safer than people think it is?

Exercise 2-3

Suppose you just heard two lectures on why Product B did not sell well in Foreign Country C. The first lecturer argued that the main problem was that the product was not advertised enough, but the second lecturer argued that the main problem was that product B was too expensive for the average consumer. Write an introduction to an essay that summarizes these two lectures.

HINT

Be sure to state the issue and positions that are involved. Your own view is not necessary.

Solution

Exercise 2-1

▼日本語訳

個人スポーツと集団スポーツのどちらを好むかついてのエッセイを書いてくれと言われたとしよう。そのようなエッセイについての序論の段落を書きなさい。

HINT

自分の主張・立場を必ず書くこと。

問題・解決・理由の書き方

基本的には，自分の立場を表明すれば題意に答えたことにはなるのだが，なるべく「こちらが好き」と主張するだけではではなく，その前に問題を提示してから，立場を表明して，その理由を述べるところまでIntroductionで書いておきたい。

1　問題を提示する
2　立場を表明する
3　理由を述べる

したがって，考えられる構成は以下のようになるだろう。後はこの構成に従って，内容をfill-inしていけばよい。

文	機能	内容・表現
1	概論	...two different types
2	対立	Some prefer...others prefer...
3	立場の表明と理由	I prefer...because...

Sample Answer 2-1

All sports come in two different types. Sports such as tennis and archery are individual sports. In contrast, sports such as baseball and soccer are team sports. Some prefer the former type of sports, but others prefer the latter type of sports. I prefer the former because many of them can be played even when there are not enough individuals to play most team sports.

▼日本語訳

すべてのスポーツは2種類に分かれる。テニスやアーチェリーのようなスポーツは個人スポーツである。反対に，野球やサッカーのようなスポーツは集団スポーツである。前者のタイプのスポーツを好む人もいるし，後者のタイプを好む人もいる。私は個人スポーツのほうが好きだ。なぜなら，そういうスポー

ツの多くは，集団スポーツをするのに十分な人数がいなくても，プレイできるからだ。

ただ，これはIntroductionとしては非常に短いタイプであることを覚えておいたほうがよいだろう。TOEFL Task 2にはこのタイプのIntroductionがよく使われる。

Exercise 2-2

▼日本語訳

ある街A市は危険であると多数の人が思っているが，あなたはそうではないことを示すデータを最近手に入れたとしよう。A市が安全でないとはもはや考えられるべきではないと論ずる文章の序論を書きなさい。

HINT
ある街が人々に言われる以上に安全であることを言うためには何が必要か？

不安定化の使い方

現在の社会で支配的な意見・主張・思い込みに対して異論を述べるには，単なる印象よりもずっと信用性のある証拠が必要になる。ここでは，"recently uncovered data" 最近明らかになったデータという強力な証拠があるのだから，それに基づいて「多数の人」の思っていることは間違っているというIntroductionを書くことができる。

もちろん，この場合はまず常識・通説がある場合だから，それを前に置いて，それから逆接の接続，たとえばhowever, neverthelessなどを使って，常識に反する自分の主張につなげていけばよい。さらにそのデータがどういうものであるかその概略を説明して，その後に自分の立場を出すという方法をとるなら4文になる。これで，3文以上という条件を満たしているから1paragraphの分量としては十分であろう。

文	機能	内容
1	常識・通説	City A is often viewed among the most unsafe cities....
2	逆接・証拠	Recent data, however, suggests...
3	データの説明	...its violent crime rate is among the five lowest...
4	主張・立場	I argue that...

Sample Answer 2-2

City A is often viewed among the most unsafe cities in the world today. Recent data, however, suggests that City A is not as unsafe as it is often assumed. Compared with other cities of its size, its violent crime rate is among the five lowest in the world. I argue that such evidence indicates that the perception that City A is unsafe must be revised.

▼日本語訳

A市は現代では最も安全でない都市の一つとよく言われている。しかしながら、最近のデータでは、A市はしばしば言われるほど危険でないことがわかった。同じ規模の他都市と比べると、暴力犯罪の起こる比率が、世界の中で下から5番目の中に入っている。私は、このような証拠から見て、A市は安全でないという認識は改められなければならないことを述べたい。

Exercise 2-3

▼日本語訳

ある製品Bがある外国Cでよく売れない理由について2つの講義を聞いたとしよう。最初の講師は主な問題はその製品が十分宣伝されなかったせいだと論じた。しかし、2番目の講師は製品Bが平均的な消費者には高価すぎたのが主な問題だと言う。これらの講義を要約するエッセイの序論を書きなさい。

> **HINT**
> この2つの講義の問題と立場を述べなさい。あなた自身の見方は必要ない。

描写的なIntroduction

ここでは「あなた自身の見方は必要ない」という指定に注意する。主張とそれをサポートする根拠という形式ではなく、与えられた2つの議論を比較・対比する形になる。最初に概論的に、2つの関係を述べてから、一つ一つの議論をまとめて、それぞれ紹介するという形を取りたい。これに続くBodyの部分は、当然1段落ずつそれぞれの議論をやや詳しく説明するという形になるだろう。

文	機能	内容
1	2つの関係	The two lectures...opposing views...
2	対比の一項	The first lecturer contended that...
3	対比の他項	According to the second lecture...

Sample Answer 2-3

The two lectures presented outlined opposing views on why Product B has not sold well in Foreign country C. The first lecturer contended that the main problem with the product's sales was due to the lack of advertising, but the second lecturer disagreed. According to the second lecture, the real problem resided in the fact the product was too expensive for the average consumer. (This essay will outline the positions of both of these lecturers.)

▼日本語訳

2つの講義は、なぜ製品Bが外国Cでよく売れなかったのか、について対立した見方を示している。最初の講師は、主な原因は宣伝が不足していたためだと言うが、2番目の講師はそれに反対する。2番目の講義によれば、真の原因はその製品が通常の消費者には高価すぎたからなのだ。(このエッセイではこれらの講師の両方の立場をまとめている。)

Review
確認したらチェックを入れよう

- [ ] 序論は問題の概念notionを示すところである
- [ ] 問題は疑問・対立・矛盾などの形を取る
- [ ] General to Specific＝一般的な言明から始まって，自分の主張したい主張につなげる
- [ ] 序論が文章全体の内容の予告をするように構成する
- [ ] 常識・通説を取り上げて，それを逆接で不安定化する方法も有効である
- [ ] Task 2では1文程度のごく短い段落にするのが，効率的である
- [ ] Task 1やTerm paperなどでは序論は重要な役割を果たす

Bookmark

❶ 構想・アウトラインの立て方

Task2は「問題と解決」，Task1は「比較と対比」が基本構造ですが，それを実現するためには，具体的にアウトライン（＝Essayの概要，骨格）を書いてみる必要があります。仮に5 paragraph, 3 pointsなら，次のとおり。

▼Task1のアウトライン例（Topic centeredの場合）

段落	機能	内容	文	内容
1	Introduction	両者の違いとその関係の概略	relation TEXT LECTURE	
2	Body 1	論点1における違い	Difference / point 1 TEXT LECTURE	
3	Body 2	論点2における違い	Difference / point 2 TEXT LECTURE	
4	Body 3	論点3における違い	Difference / point 3 TEXT LECTURE	
5	Conclusion	簡潔なまとめ	In sum...	省略可

▼Task2のアウトライン例（General to Specificの場合）

段落	機能	内容	文	内容
1	Introduction	問題と解決・理由の概略	General statement Specific claim ..., because...	
2	Body 1	理由1の説明・例示	Topic Sentence 1 Supporting Information	
3	Body 2	理由2の説明・例示	Topic Sentence 2 Supporting Information	
4	Body 3	理由3の説明・例示	Topic Sentence 3 Supporting Information	
5	Conclusion	再説・発展	In summary...	省略可

右側空欄に，何を書くかを一文ないし単語でメモしていくわけです。

Chapter 3 段落を組織する方法

英文の段落の構造は，日本文の場合よりも厳密に規定されます。その形式を守って書くほうがわかりやすい表現ができるし，自分の考えも明快になります。ポイント―サポートの関係がその基本です。

A 段落の構造
冒頭の一文が段落の以下の内容を予告する

B 基本型の仕組み
トピック・センテンスをサポートする

C 発展型の考え方
複数の段落をコントロールする

3 段落を組織する方法　Lecture

Section A 段落の構造

展開と段落

　Chapter1, 2でも述べたように，論文では自分の解決solutionあるいは主張main claimが基本的には一番大事な内容であり，それが正しいということを，他の部分を使って示していくというのが基本の構成になります。しかし，この場合，単に考えたことを思いついた順番に書けばよいのではありません。論の展開がすっきりと見えるようにするには，一つ一つの段落の目的や方向性を明確にしていく必要があります。

段落とは何か

> 同一段落では同じメッセージが伝えられる

　日本文では1文だけで構成される段落もありますが，英語の論文ではそういう段落はありえません。**段落paragraphとは，複数の文（少なくとも3つ以上の文）が集まって，一つのメッセージを伝えるというユニット**です。だから，一つの段落中でいくつものアイディアをあれこれと述べるのはいけないし，逆に一つのメッセージを伝えているだけなのに，段落を分割してしまうのもよくないのです。

Focus! 段落＝一つのメッセージを伝える文の集合

　たとえば（この段落がまさにそうなのですが），日本文では「たとえば…」で始まる段落はよくあるのですが，英語ではFor example,...から始まるparagraphは比較的避けられる傾向があるといってもいいでしょう。なぜなら，例示は言いたい内容を具体的なイメージ・データで表したものに過ぎず，その前にある説明と内容的には同じことを述べているからです。したがって，例示は同じ段落の中で処理されねばならず，例示だけの段落はなるべく避けるべきだ，ということになります。

英文の段落の意識は日本文より厳密

　このように，英文における段落の切り方は，日本文のそれより厳密と言えるでしょう。原則的に，段落はたった一つのメッセージを伝える文の集まりであり，そうである限り途中で切らないで一つの固まりとして続けていく，という考え方を取るわけです。

段落の目的と方向性

　さて，このような段落がどんなメッセージを伝えようとするか，その方向性を読者に対して明確にするには，どうすればよいのでしょうか？

　これは，Chapter1で説明した理解・認知に対する工夫がそのまま適用できます。つまり，早めにmain claimを入れて読み手に早く筆者の立場を伝え，議論をたどりやすくするのです。これは，読み手に自分の立場を理解してもらえる可能性を高めることでもあります。Chapter2ですでに説明したとおり，序論は論文全体の予告と考えるのがよいでしょう。ちょうど，映画の予告編を観てその映画を観るかどうかを判断するように，読者は序論をまず読んで，その論文を読むかどうかを判断するのです。

段落の冒頭が全体の内容を予告する

　これは，段落についても同じように言えます。各段落の初めの数文は，各段落の序論として考えることができます。よい序論とは，それが論文全体の内容を予告する機能を果たしている。それと同様に，よい段落とは，その段落の初めの数文がその段落の内容を予告する機能を果たしているものです。そうすれば，読者は段落の冒頭を見ただけで，その全体の内容が理解でき，どのような読み方をすればいいか，見当がつくわけです。このような冒頭の一文をとくにPoint Sentenceと呼びます。

Point	冒頭の一文

▲ Support

Supprting Information	残りの内容

▼▲▼ Warm Up！ 3-A 〈小問を解いてみよう〉 Let's try

Suppose you are to write a point sentence for a paragraph containing the following key words:

1. Which of the following is the best point sentence?
   Keywords: birthrate, Japan, declining
   a) I do not know what to do to stop Japan's declining birthrate.
   b) This paragraph deals with how to prevent Japan's birthrate from declining any further.
   c) Japan's declining birthrate is among the most serious problems Japan is facing today.
   d) I recently wrote a paper about Japan's declining birthrate.

2. Keywords: taxes, government, and health care
   a) Contrary to common belief, the government's plan to raise taxes is not likely to improve health care.
   b) First, I will discuss the government's plan to raise taxes in order to improve health care benefits.
   c) I pay my taxes with the hope that the government will improve health care.
   d) How to improve health care without raising taxes is a topic of current interest.

3. Keywords: education, mathematics, and university
   a) The subject I enjoyed most during my university education was mathematics.
   b) Every student should study some mathematics as part of his or her university education.
   c) The next topic I will discuss is the current state of mathematics education at the university level.
   d) Mathematics education at the university level is an interesting topic.

▼解答は254ページ

Section B 基本型の仕組み

論文は複数の段落から構成されますが、各段落では初めの数文で、その段落で扱いたいテーマを明確に示さなければなりません。まず、一つ例を見てみましょう。

Example 3-1

Point

Supporting Information

▼1 Fukuyama argues that liberal democracies of the late twentieth century represent the culminating achievement of humanity's search to discover the best form of self-rule. ▼2 To lend support to his view, Fukuyama notes that since the 1980's we have seen many liberal democracies arise from former communist or totalitarian governments. ▼3 Fukuyama notes that this trend is not accidental but attests to the ability of liberal democracies to meet successfully the most fundamental yet long unsatisfied of human needs, the need for each individual to feel recognized as part of his/her own political system. ▼4 In particular, he notes that the liberal democracies distinguish themselves in that they meet this need in an unprecedented way. ▼5 More specifically, unlike other forms of government, liberal democracies allow all of its individuals to express themselves by electing their own officials.

要約
自由民主主義は
すべての個人が
自己表現できる
政治制度である

F. フクヤマ
アメリカの政治
学者

【日本語訳】

▼1 フクヤマは、20世紀後半の自由民主主義は最善の自治制度を見いだそうとする人類の長年に渡る努力の成果を表していると論じている。▼2 このような見方の裏付けとして、フクヤマは1980年代以降、かつての共産主義や全体主義の国家から自由民主主義が出現したことを挙げる。彼はこの潮流が偶然ではないと言い、人間の最も根源的かつ、最も満足させられなかったニーズ、つまり自分

> 自身が政治システムの一部として認知されるというニーズを満たすことができるということの証明になっていると言うのだ。▼4 特に，自由民主主義は今までになかった方法でこのニーズを満たしている。▼5 つまり，他の統治形態と違い，自由民主主義は代表者を選ぶことで，すべての個人が自己表現できているのである。
> （数字は文の番号）

それぞれの文の内容を整理する

内容は，政治思想を扱っているので，社会科学を専攻していない読者にはやや難しいと感じる向きもあるかも知れません。しかし，この例で**注目すべきは内容ではなく，段落の構成**の仕方です。段落は5つの文からできていますが，それぞれの内容をまとめると次のように整理できるでしょう。

	文	意味	内容
Point	1	フクヤマの主張の概略	自由民主主義とは最善の自治である

▲ Support

	文	意味	内容
Supporting Information	2	その主張の裏付け	共産主義・全体主義から自由民主主義への移行
	3	裏付けの説明	政治システムの一部として認められるという根源的欲求を満たす
	4	方法の違い	今までになかった方法で満たす
	5	詳しい説明	代表者を選ぶことで自己表現する

根拠の必要性

第1文とそれ以下の文との関係は？

　第1文が「自由民主主義」に対するフクヤマの主張を大ざっぱに述べているのに対して，第2文以下は，その裏付け・説明などが並んでいるわけです。説明は，基本的に前に書いてあることのわかりやすく詳しい言い換えです。一方，裏付け・方法なども最初の主張の内容を補助するものになっている，と考え

れば，この段落は第1文とその言い換えや補足でできていることになります。

つまり，段落全体の内容は最初の文に集約されており，それ以外の文は最初の文に対して補助的な役割を果たしているのです。逆に言えば，第1文以外の文はすべて最初の文に関連した内容を持っているわけです。つまり，一つの段落は第1文とそれ以外の文に分かれ，最初の文が段落全体の内容を予告し，それ以降の文が第1文の言い換えや補足になっているという構造にです。これはポイント—サポートの関係にあるといいます。

> 段落の内容は第1文に集約されている

▼段落の構造の概念

第1文	段落全体の内容の集約
それ以後の文	最初の文の言い換えや補足

もちろん正確に言うと，この例に挙げた文章はChapter1, 2で触れた「議論」の形にはなってはいません。つまり，この文章を書いた筆者の積極的な主張とその証明を示すことで，読者を納得させようとしているタイプの文章ではないのです。それは，この文章の筆者がフクヤマの主張については述べていても，自分自身の主張の提示をしていないことでもわかります。むしろ，フクヤマがどんな主張をしているかを簡潔に紹介ないし要約しているわけです。どちらかと言えばTOEFLのTask1で求められている内容と重なっているのです。

その意味で言うと，上に述べた段落の構造＝ポイント—サポートの関係は「議論」だけではなく，論理性をめざす文章ならおよそどういうタイプの文章でも必ず持たねばならない構造だと言えましょう。つまり，英文に出てくる段落の構造は自由ではなく，かなり厳格な法則に従っていると見ていいのです。

> 論理的文章ではほとんどポイント—サポートの構造となる

接続句の役割

これを文と文との接続という点から見てみましょう。すると，第2文は"To lend support to his view"という表現で，この文が前文の立場に対して裏付けになっていることを示し，第3文は"Fukuyama notes"と彼の主張を繰り返し説明し，第4文は"In particular"とその中で特に強調したい点を示し，さ

らに第5文では"More specifically"と説明をより充実させています。

文	接続詞	意味
2	To lend support to his view	前文の立場の裏付け
3	Fukuyama notes	説明・言い換え
4	In particular	強調点
5	More specifically	説明をより充実させる

このように，接続を表す言葉・表現は，第1文が段落の中心的内容を表しており，その他の文が第1文に対して補足的な役割を果たしていることを積極的に示す働きをしています。逆に言えば，このような接続を立てることにより，段落の中の各文の役割が明確になるとも言えます。

日本文を書くときには，よく「接続（詞）をあまり使うな」というようなことが言われています。これを言い出したのは，小説家の谷崎潤一郎の『文章読本』なのですが，もちろん論理的な文章を書くときには，このような「文学的」な基準に従ってはいけません。

むしろ，接続表現をたくさん使って，文と文との関係を明確にするのが大切なのです。逆に言うと，文と文との関係を明確にするには接続詞を活用したほうがよいといえますし，多様な接続表現を積極的に覚える必要も出てくるわけです。AndとButなどの素朴な接続しか使えないようでは，ろくな文章は書けません。

> 接続詞の重要性＝段落中の各文の役割を提示する

Focus! 文と文との関係を明確にするには，接続詞を積極的に使おう

トピック・センテンスとは？

> トピック・センテンスの役割は話題提示

さて，多くのWritingの本では，段落の最初の文をTopic Sentenceと呼んでいます。これはこの文にその段落の話題Topicが示されているからです。Topicとは，非常に簡単に言えば「この文章は，何について書いているか？」という問いにおける「何」に当たる部分です。たとえば，例文ならばTopicは

「フクヤマにおける自由民主主義の位置づけ」でしょう。つまり，この文章は「フクヤマにおける自由民主主義の位置づけ」というテーマについて，書いてあるわけです。

ただ，この考え方には注意すべき点が2つあります。まず一つには，多くの本ではTopic Sentenceの概念が曖昧であるということです。特に，段落の最初の文の内容は，単にTopicを紹介するものには必ずしも限定されない，ということには気をつける必要があります。Topic Sentenceは段落のTopicだけでなく，筆者のそのTopicに関する主張が中心になることもあるからです。たとえば，次の2つの文がTopic Sentenceである場合を考えてみましょう。

> Topicだけでなく主張も含む

Example 3-2

> This paragraph discusses the problem of air pollution in Japan.
>
> (日本語訳)
> この段落では，日本における大気汚染を議論する。

Example 3-3

> 話題と主張の両方を含む例

> Although there are arguments against the use of public funds for sports facilities, I will suggest that these arguments are misguided.
>
> (日本語訳)
> スポーツ施設に対して公共的資金を使うことに対しては反対意見があるが，私はこれらの議論は間違っていると主張したい。

Example 3-2の文ではTopic「日本における大気汚染」が紹介されているだけで，筆者のTopicに対する立場は触れられていません。これは，最初に説明した「何が書いてあるか？」の内容ですよね。一方，Example 3-3の文では段落で扱うTopic「スポーツ施設に対して公共的資金を使うこと」がカンマの前

で言及されているだけでなく，カンマの後では筆者のそのTopicについての立場「間違っている」も表明されています。むしろ，筆者のTopicに関する立場を中心にした文を通して，Topicが明らかになっていると言ってもよいでしょう。

実際にこの見方を徹底させると，**Example 3-1**でも，段落の最初の文をTopic「フクヤマにおける自由民主主義の位置づけ」の要約というだけではなく，そのTopicに対する筆者の判断，つまり「(フクヤマにおける自由民主主義の位置づけは)最善の自治制度を探し求めようとする人類の長年に渡る探求の成果になっている」も含んでいると見なすことができます。つまり，Topic Sentenceをその段落での話題を扱う文という意味だけで考えるのは，不十分だということになります。

> Topic SentenceはTopicだけでなく，筆者の立場を扱う場合も多い

複数のトピック・センテンス

Topic Sentenceは一文とは限らない

もう一つの注意すべき点は，段落のTopic Sentenceは，Sentenceと名付けてはあるけれど，必ずしも一文に収める必要はない，ということです。特に段落が長いときや，複雑なTopicを扱っているときは，一文では終わらず，二文から三文が必要になってくる場合も大いにありうるからです（ただし，TOEFLのWritingで要求されている範囲だけで言えば，各段落のTopic Sentenceは一文だけで十分な場合がほとんどなのですが…）。Topic Sentenceが複数の文に当たる場合を，学術論文を例として挙げておきましょう。少し長いparagraphなのですが，段落の構造が明確に読み取れるでしょうか？

Example 3-4

Point

▼1
The speed with which scientific and technological advances in medicine take place is so rapid that hardly a day passes without news of some new discovery or treatment. ▼2 Announcements of medical advances,

Supporting Information

however, are often greeted with two very different reactions. Some highlight each advance as yet another benefit conferred upon humanity through modern medicine, but others view each advance as opening up new moral and ethical problems. On the one hand, it is true that advances in medical science and technology have yielded many benefits, especially in the area of health. In particular, these advances have enabled many individual to lead longer and healthier lives. This is supported by statistics that indicate that average life expectancy has risen in most parts of the world. Statistics also indicate that infant mortality rates have fallen in most parts of the world as well. In addition to these quantifiable results, advances in medicine have also improved the quality of life of many individuals by treating symptoms of various illnesses. In fact, various patient surveys indicate that many individuals with complicated illnesses are able, with the help of medicine, to lead lives similar to the ones they led prior to their illness.

要約
医療の科学的進歩については、肯定・否定双方の評価がある

日本語訳

　医療における科学技術の発達のスピードは非常に速いので、ほとんど毎日新しい発見と治療がニュースになる。しかし、このような医療の進歩に対しては、しばしばまったく違った反応が出てくる。ある人々は進歩の一つ一つを近代医学による人類への新たな利益の贈り物として強調する。しかし、他の人々は医療の進歩が道徳的・倫理的問題の始まりになると見なす。確かに、一方では医学や医療技術における進歩がたくさんの利益を生み出した。特にこの進歩のおかげで、より長寿でより健康的な生活が可能になっている。これは平均寿命予測が世界の大部分の地域で上昇したという統計によっても証明されている。さらに、乳幼児死亡率が減少したことも統計で示すことができる。これらの量的結果に加えて、医療の進歩は、さまざまな病気の症状を治療することで多くの個人の生活の質も改善した。

> 実際,患者を対象とする調査によれば,複雑な病気を抱えたたくさんの人々が,医療のおかげで病気にかかる前に送っていた生活に近い生活を送ることができるようになったという。

　ここでは第1文が「医療における科学技術の発達」というTopicを導入しているのに対して,第2文がそのTopicに対する筆者の主張「医療の進歩にはしばしばまったく違った反応が出てくる」と述べて,この二文で段落全体の方向づけをしています。その後,この段落は,その「different違った」がどうなるかを説明して

　Some highlight..., but others view...

とSomeとOthersの二者の見方の違いを区別し,さらに

　On the one hand, ...

接続表現の使い方に注意する

とその一方の内容を展開しています。つまり,「…一方では医学や医療技術における進歩がたくさんの利益を生み出した」というように述べられて,冒頭の第2文の内容を引き継いでいます。

　この後は省略していますが,ここで"On the one hand"があるということは,当然後になってから"On the other hand"という表現が出てくることを予想させます。実際,SectionC冒頭に挙げる **Example 3-4** の続きでは,この後次のようにつながっています。

> On the other hand, it is also true that advances in modern science and technology have also opened up serious moral and ethical dilemmas.

「他方で,現代医学における進歩は重大な道徳的・倫理的ディレンマを引き起こした」と述べているわけです。最初は「利益」というプラスの効果,次は「ディレンマ」というマイナスの効果と相対立する内容が述べられています。これで「一方…他方…」という形で冒頭の二文の内容に対応しているわけです。

	文	機能	内容
Point	1	トピック	医療における科学技術の発達
	2	主張	医療の進歩にはしばしばまったく違った反応が出てくる

▲ **Support**

Supprting Information	それ以降	説明・例示	ある人々は…利益の贈り物として強調する（→一方では…利益を生み出した） ＋しかし 他の人々は…道徳的・倫理的問題の始まりになると見なす（他方で…）

　これを見れば，最初の2つの文がそれに続く長い段落の内容の概略・予告になっていることがおわかりでしょう。「医療の進歩にはしばしばまったく違った反応が出てくる」という第2文が，後に続く文に「ある人々は…強調する」と「他の人々は…見なす」と2つの場合に分配されて出てきているわけです。このように最初の1，2文が後に書いている内容を予告する構造になっていることをトピック・センテンスが段落全体をコントロールすると言います。

トピック・センテンスが段落全体をコントロールする

　トピック・センテンスが複数になっていても，たった一つの場合と同じように全体をコントロールする役割を果たしていることがおわかりでしょう。コントロールするとは，つまり，この2つのトピック・センテンスを読むと，これから先に文章の内容が2つに分かれており，それぞれの内容が詳しく展開されているはずだという予測を持てます。実際にこれらの文は後の内容のまとめにもなっており，この2つを読めばだいたいの内容が把握できるということを意味します。

Focus ! トピック・センテンスは段落の内容を予告し，全体のまとめになっている

　したがってトピック・センテンスとポイント・センテンスは同じ意味と考えてよいでしょう。機能の面から考えるとポイント・センテンスと呼ぶほうがより適当かもしれません。

▼▲▼ Warm Up! 3-B 〈小問を解いてみよう〉   *Let's try*

Write a point sentence using the keywords that are listed.

1. Keywords: unemployment rate, economic policy, questionable.

> Ex.
> It is questionable whether the decrease in the unemployment rate is due to the current government's economic policy.

2. Keywords : diplomacy, military action, preferable

> Let's try !

3. Keywords: religion, science, conflict

▼解答は254ページ

Section C　発展型の考え方

paragraph section の考え方

　実は，この「トピック・センテンス（あるいはポイント・センテンス）がパラグラフの内容をコントロールする」ということは，トピック・センテンスが複数の場合だけではなく，後に続く段落やパラグラフが複数の場合にも適用されます。つまり，段落の内容が長かったり複雑だったりする場合は，それを2つ以上の段落に分けてもよいわけです。この場合は，パラグラフが複数になるわけですから，特別に**パラグラフ・セクションparagraph section**という言い方をする場合もあります。たとえば，前に述べたように**Example 3-4**の文章はもっと続いていて，原文では，第2段落が次のように書かれています。

Example 3-4 の続き

Example3-4の第2段落はどうなっているか？

> On the other hand, it is also true that advances in modern science and technology have also opened up serious moral and ethical dilemmas. An example that illustrates how technology created new dilemmas is cloning technology. In particular, many have spoken with caution regarding the possibility of applying this technology to clone human beings. This technology has led to a whole series of questions that were unthinkable prior to its development. For example, should it ever be permitted to clone a human being? If so, under what circumstances should it be permitted? What kinds of problems does this technology pose for the concept of personal identity? The seriousness of these questions is not only clear from the number of journal and newspaper articles that have devoted attention to this issue, but from debates at the government level in various countries regarding what kind legislation should be passed to deal with the possibilities opened up by cloning technology.

要約
医学における技術的進歩は道徳的・倫理的ディレンマを生み出した

> 📘 **日本語訳**
>
> 　他方で，現代の科学技術における進歩は重大な道徳的・倫理的ディレンマを引き起こした。おそらく，現代の科学技術がどのように新しいディレンマを引き起こしたかを示す好例は，クローン技術であろう。特に，この技術を人間に応用する可能性については，警戒する意見が多い。この技術のために，以前には考えられもしなかったような一連の問題が出現してきたのだ。たとえば，そもそも人間をクローンすることは許されるべきだろうか？　もし許されるのなら，どんな環境においてか？　この技術は，個人のアイデンティティの概念にどんな問題を引き起こすのだろうか？　これらの問題を扱った学術誌や新聞の記事はたくさん書かれたが，その重大さは十分明らかになっていないし，さまざまな国の政府レベルにおける討論からも，クローン技術によって開かれた可能性を扱うのにどんな法的措置がとられるべきであるかについても不明である。

段落	機能	内容
1	トピック	医療における科学技術の発達
	主張	医療の進歩にはしばしばまったく違った反応が出てくる
	説明	ある人々は…利益の贈り物として強調する ＋しかし 他の人々は…道徳的・倫理的問題の始まりになると見なす
	立場1	一方では医学や医療技術における進歩がたくさんの利益を生み出した
	例示	平均寿命予測の向上，乳幼児死亡率の低下，病人の生活の質の改善
2	立場2	他方で，現代の科学技術における進歩は重大な道徳的・倫理的ディレンマを引き起こした
	例示	人間をクローンすることは許されるか？ どんな環境であれば許されるか？ 個人のアイデンティティの概念への影響？ どんな法的措置がとられるべきであるか？

ここでは，冒頭第２文の内容にある「違った反応」が立場１と立場２に分けられ，その内容が２つの段落に振り分けられて詳しく論じられているわけです。前と同じように，これらの段落の構造を図示すると，前ページの表のようになっています。

　つまり，２つのトピック・センテンスが，それらが含まれる同じ段落の内容と次の段落，つまり２段落の内容までもコントロールしています。２つのトピック・センテンスが複数のparagraph，つまりparagraph sectionをコントロールしているわけです。もっとも，このような構造はTOEFL Writing Task2の場合に使われることは比較的少ないでしょう。なぜなら，書く時間が30分とそもそも短いために，なかなかこのような複雑で長い文章を書く余裕はないと思われるからです。しかしながら，このような知識を持っておくことは無駄ではありません。なぜなら，どんな場合でも，このように，冒頭の一文ないし二文が，段落あるいはセクション全体をコントロールするという構造が変わらないということを明確に示しているからです。

> トピック・センテンスはどんな場合でも段落全体をコントロールする

日本の段落の概念との違い

　さて，これまでの説明では冒頭の１～２文が段落全体の内容を予告する構造だけを説明してきました。これをポイント・ファーストの構造（＊注）と言います。

　この構造は英文（少なくとも論理的文章においては）ではかなり厳格に守られ，ほとんどの段落がこの形で書かれます。したがって，TOEFLでもこの形で段落を構成することが当然期待されているわけです。

Focus! ポイント・ファースト＝冒頭の１～２文が段落全体の内容を予告する構造

　しかし，もちろん例外的には，paragraphの最後の文が段落全体で言いたいことになっている場合もあります。これをポイント・ラストの構造といいます。日本文ですが，次のような例を見てみましょう。

＊注　The Craft of Research, University of Chicago, 1995

Example 3-5

> ▼1 医療における科学技術の発達のスピードは非常に速い。▼2 確かに，一方では医学や医療技術における進歩がたくさんの利益を生み出した。▼3 特にこの進歩のおかげで，より長寿でより健康的な生活が可能になっている。▼4 これは平均寿命予測が世界の大部分の地域で上昇したという統計によっても証明されている。▼5 さらに，乳幼児死亡率も減少したことも統計で示すことができる。▼6 これらの量的結果に加えて，医療の進歩は，さまざまな病気の症状を治療することで多くの個人の生活の質も改善した。▼7 実際，患者を対象とする調査によれば，医療のおかげで複雑な病気を抱えたたくさんの人々が，病気にかかる前に送っていた生活に近い生活を送ることができるようになったという。▼8 人々はその進歩の一つ一つを近代医学による人類への新たな利益の贈り物として強調する。▼9 しかし，医療の進歩が道徳的・倫理的問題の始まりになると見なす人々もいるのである。▼10 つまり，科学ではほとんど毎日と言ってよいほど新しい発見と治療がニュースになるが，その医療の進歩にはしばしばまったく異なった反応が出てくるのだ。

ポイントが最後に来る構造

　実を言うと，この文章は，**Example 3-4**の最初の段落の日本語訳の文の順序を少し変えただけで，実質的な内容はほとんど変わっていません。読んでみると，それなりに意味が通じています。ただし，段落の最初の一文「医療における科学技術のスピードは非常に速い」は，単にこのparagraph自体の話題**Topic**を決定しているだけで，それについての筆者の主張はここでは，示されていません。

　むしろ，最後の一文「…医療の進歩にはしばしばまったく異なった反応が出てくるのだ」が筆者の主張になっているのがおわかりだと思います。つまり，意味的に言うと，むしろ，この文のほうが段落全体の意味を代表しているわけですね。最後まで読んで，初めてこの段落の主なる内容にたどり着く。このような構造を**ポイント・ラスト型の段落構造**といいます。

文	機能	内容
1	トピック	医療における科学技術のスピードの速さ
2～7	例示	確かに，一方では…さらに…これらの量的効果に加えて…実際…調査によれば…
8～9	説明	人々は…しかし…人々もいる…

▼ Support

| 10 | 主張 | つまり…医療の進歩にはまったく異なった反応… |

日本文ではポイント・ラストが比較的に使われている

　日本語の論文では，このような構造にごく普通にお目にかかりますし，それほど不自然な感じはしません。したがって，これらのポイント・ラスト型の段落構造はしょっちゅう使われますし，別に悪いとも思われていないのが普通です。

　しかし英文では，このようなparagraphの構造は比較的珍しい。むしろ，このようなポイント・ラスト型構造は，できるだけ避けるように教えられるのが普通です。なぜなら，このようポイント・ラスト型の構造では，最後に行くまで，このparagraphに何が書いてあるかわからず，ずっと待っていなければならないような仕組みになっているからです。これでは，読者に特別な負担を強いることになります。

💥 ポイント・ラスト型の構造＝最後に行くまで，このparagraphに何が書いてあるかわからないような仕組み

ポイント・ファーストが原則

　確かに，読者の興味を最後まで引きつけ途中で読むのをやめさせないという意味はあるかもしれませんが，わかりやすさという点ではポイント・ファーストに数段劣ります。特にTOEFL Writingでは英語の論文の基本作法を身につけているかどうかが問われるわけですから，このようなポイント・ラストの構造を書かないように気をつけねばなりません。

段落とparagraphの違い

　今まで示したように，英語のparagraphの感覚は日本語の段落とは大きく違います。日本語の段落は，「意味のまとまり」

とは言いますが，けっこう気ままに切られる傾向があります。実際，日本語の論文では，1〜2文という少数の文で構成される段落も少なくありません。前に日本人学者に見せていただいた論文では，ほとんど1〜2行の段落が続く文章になっていて，ビックリしたことがあります。これは，川端康成などの小説家が用いたかつての前衛的な技法が論文作法にも影響し，このような結果になったのだと思いますが，英語の論理的文章では，こういうparagraphは考えられませんし，完全なparagraphとしてはとても認められないでしょう。つまり，英語の論文のparagraphは一般に長くなるだけではなく，読者にできるだけわかりやすく書くように厳密に構成する必要があるのです。

※ 日米の段落観の違い

長い段落の終結部の扱い

なお，**段落が長い場合は，最後でもう一度冒頭のポイント部分の内容を表現を変えて繰り返す**という方法を取る場合もあります。この場合は，冒頭ですでにトピック・センテンスが出てきていますので，ポイント・ラストではありません。

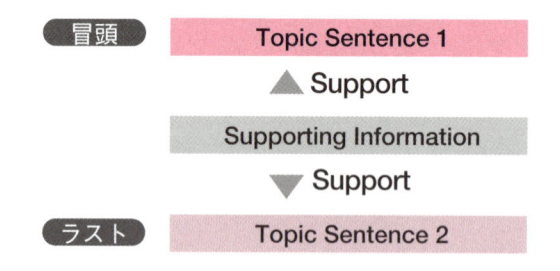

冒頭	Topic Sentence 1
	▲ Support
	Supporting Information
	▼ Support
ラスト	Topic Sentence 2

上のように，わざわざ2つの文の内容がほぼ重なる文を繰り返すのです。段落が長いと前に書いたことを忘れがちになるので，読者に前の内容を確認させ，理解するのを助けるという意味があります。日本語では，よく文全体の構造で「双括式」などということが言われます。最初に書いた主張を最後でもう一度繰り返す構造ですが，その構造がここではparagraphレベルで使われていることになります。英文のparagraphで求められる内容の一貫性がいかに強固なものか，この構造を見ればよくわかると思います。

3 段落を組織する方法 Exercise

Exercise 3-1

Provide a topic sentence for this paragraph.

[_____] Classes with a small enrollment are more likely to be taught as a discussion seminar rather than as a lecture. Small discussion seminars provide an ideal educational setting because they allow the professor to involve every student in class discussion to an extent that is difficult to achieve in a large lecture class. In fact, many professors claim that students in small seminars learn the course material much more thoroughly and quickly than when they are conveyed that same material in a large lecture class. One professor who was interviewed for this study said, "Throughout my 25 years of teaching I have always found that more students ask questions in small classes than in large lecture classes, and the inquisitive students always do better." Furthermore, in course evaluation surveys students rated their educational experiences in small classes significantly more rewarding than experiences in large classes.

HINT

The key point is to express the idea that small classes provide a better educational experience for students than large classes.

Exercise 3-2

Provide a topic sentence for this paragraph.

[_____] Graduate students in the humanities and social sciences are expected to write many high quality papers in order to receive a degree. Moreover, it is especially important for students hoping to pursue academic careers to publish papers in respected journals. It is not difficult to find evidence for the importance that graduate schools in the United States place upon the ability to write good academic papers. For example, one finds that syllabi for many graduate courses note that the student's final grade for a class is determined solely by the quality of a single research paper of twenty to twenty-five pages.

HINT

The basic point needed here is that learning to write well is necessary to gain admission to US programs and to do well in those programs. The sample answer covers both of these aspects.

Solution

Exercise 3-1

> ▼日本語訳
>
> この段落のトピック・センテンスはどうなるか？　書いてみよう。
>
> 　　　　　小規模クラスでは講義というより討論（中心の）セミナーの形で教えられることが多い。討論中心の小セミナーは教育環境として理想的である。なぜなら，教師は，大人数の講義では達成困難なレベルにまで学生たちすべてをクラス討論に巻き込むことができるからだ。実際，多くの教授たちは，同じ教材を扱っていても，小規模クラスの学生のほうが大人数クラスの学生よりもずっと徹底的・効率的に学習することができると主張している。この研究でインタビューしたある教授は，「25年間教えてきたけど，小規模クラスの学生のほうが大人数の講義の学生よりもずっと質問をする，といつも思ってきたし，質問を多くする学生は成績もいいね」と言う。さらに，学習評価調査でも，学生たちは大規模クラスでの経験より，小規模クラスのほうがずっと得るものが多いと評価していた。
>
> ◉HINT
> 　この段落の主要なポイントは，少人数クラスがよりよい教育環境を提供できるという考えを表現するところにある。

段落の構成

　この段落はTopic Sentenceを除くと5つの文からなっている。最初の文は「少人数クラス」の特徴として「討論（中心の）セミナーのようにして教えられる」ことであると述べている。さらに第2文では「討論（中心の）セミナーがより理想的な教育環境である」という判断をする理由を「教師が学生たちを討論に巻き込むことができるからだ」と説明している。それに対して，第3文・第4文は，第1文・第2文などの説明に対する証拠，ここではデータないし具体例が示されていると考えてよいだろう。第3文では「たくさんの教師」の証言として，小規模クラスのほうが，大人数クラスで教える

より同じ教材でもより徹底的・効率的に教えられるということを述べる。それに対して、第4文では一人の教師の証言を具体的に引用して、小規模クラスの学生のほうが大人数クラスの学生より成績がよいと述べている。さらに最後の文では「調査結果」というデータを出してきて、「少人数クラス」のほうがよいことを示している。

トピック・センテンスとは？

トピック・センテンスとは、前述したように、その段落の冒頭で言いたいことを集約して示している文である。逆に言えば、この第1文以下はそのトピック・センテンスのさまざまな面を一つずつ取り上げ、詳しくわかりやすく言い換えた内容になっている。

もし冒頭にそういう文 Topic Sentence が入るのだとしたら、第1文はそれに対してどのような関係が成り立つのだろうか？ 一つには、それに対する**理由 Reason** や**手段**を提出していると考えることができる。課題文によれば、少人数の学生しか登録していないクラスでは、討論中心のセミナーという手段を取れる。しかも、そのセミナーが理想的な教育環境を提供できる理由は、討論に巻き込めることだと続く。この関係をまとめて示すと以下のようになる。矢印は「…であれば〜となる」という意味である。

> 少人数クラス→討論中心のセミナー →討論に巻き込める
> →より理想的な教育環境を提供できる

ここで、赤字の部分は、すべて理由を表す「から」「ので」をつけて、ラストの「理想的な教育環境を提供できる」につなげることができる。

> 少人数クラスにすれば討論中心のセミナーになる**ので**、（そうすれば）討論に巻き込める**から**、より理想的な教育環境を提供できる

日本語としては、ちょっとぎこちない文になるが、これで括弧の中の内容は、「少人数クラスではより理想的な教育環境を提供できる」の理由になっていることがわかる。ここで比較を表す「より」に注目して、何を比較しているかを簡潔に言い表すと、次のようになろう。

> 少人数クラスでは大人数クラスより理想的な教育環境を提供できる

これを冒頭に置いてみると，**Exercise 3-1**の第１文以下はこのトピック・センテンスの理由・言い換え・例示になっていることがわかる。したがって，次のようなトピック・センテンスを書くことができる。

> Classes with a small enrollment are more likely to provide a better learning environment for students than classes with a large enrollment.

　このようなトピック・センテンスを冒頭に置けば，**Exercise 3-1**の第１文・第２文ではそれを論理的に言い換え・展開した後に，第３文から第５文では，その証拠Evidenceとなる具体例・引用・データ Example, Citation, Dataを持ち出していると考えられる。つまり，ある筆者の中心的主張Pointの正当性を第１文以下が支えている構造Supportをしているのだ。

▼課題文とトピック・センテンスとの関係

文	機能	内容
Point — Topic Sentence		Classes with a small enrollment...are more likely to provide a better learning environment for students…

▲ Support

	文	機能	内容
Supporting Information	1	Reason	(This is because) Classes with a small enrollment are more likely to be taught as a discussion seminar...
	2	Explanation	...because they allow the professor to involve every student in class discussion...
	3	Evidence	In fact...students in small seminars learn the course material much more thoroughly and quickly
	4	Citation	One professor...said...more students ask questions in small classes...the inquisitive students always do better
	5	Evidence	...in course evaluation surveys students rated their educational experiences in small classes significantly more rewarding

Sample Answer 3-1

Classes with a small enrollment, with about ten to twenty-five students, are more likely to provide a better learning environment for students than classes with a large enrollment.

▼日本語訳
少人数クラス，つまり10から25名までの登録者しかいないクラスは大人数クラスに比べてよりよい教育環境になる可能性が大きい。

Exercise 3-2

▼日本語訳

この段落のトピック・センテンスはどうなるか？　書いてみよう。

　　　　　人文科学や社会科学の学生が学位を取るためには，良質の学術レポートをたくさん書かねばならない。さらに，大学教師としてのキャリアを追求するには，権威のある学術誌に論文を掲載することが特に重要である。このようにアメリカの大学が優れた学術論文を書く能力に重きを置いていることについて証拠を見つけるのは，さほど難しくない。たとえば，多くの大学院課程のシラバスではその授業における最終的な成績評価は，20〜25ページの研究レポートの質でのみ決められると書いてあるのである。

HINT

ここでのポイントは，ちゃんとした文章を書くことを学ぶということは，アメリカの大学院に入るため，またそこでの課程でうまくやるための2つで必要だということである。解答例は，この2つの面を含んでいる。

段落の構成

　　この段落は4つの文からなっている。最初の文は，人文科学や社会科学の大学院生が学位を取るためには良質の論文をたくさん書かねばならないと述べている。第2文では，さらに付け加えて，権威のある学術誌に論文を載せ

ることが大学教師としてのキャリアを追求する場合にも重要だとしている。それに対して第3文では，アメリカの大学院がよい学術論文を書く能力に重きを置いている証拠を見つけるのは難しくないと述べ，第4文では，その証拠は大学のシラバスにあると例を挙げている。最終的な成績評価は20〜25ページのレポートによってのみ決まるとそこには書いてあるというのである。

この場合も，第1文と第2文は抽象的な内容だが，第4文は具体例になっており，その間の第3文は第1文・第2文から第4文に移行するためのつなぎの役目を果している。そうすると，第1文・第2文を2つの理由と考えて，それがサポートするトピック・センテンスの内容を書けばよいということになる。たとえば，第1文・第2文の内容を抽象化して「よい文章を書く能力」が大切だという内容にすると，下のような文章が書ける。

> The ability to write well is among the most important skills a graduate student in the humanities or social sciences in the United States must master to succeed in graduate school and to pursue academic careers.
>
> (日本語訳)
> アメリカの人文科学や社会科学の大学院生にとっては，良質の論文を書けるということは，学校でもそこを卒業して大学教師になるときでも重要な役割を果たす。

もちろん，ここには重複表現が残っている。たとえば，上の文のラスト "to pursue academic careers" は，2文後でも繰り返されているのだから，もっと簡単な表現にしたほうがよい。たとえば，次のようにしたらどうだろう。

> The ability to write well is among the most important skills a graduate student in the humanities or social sciences in the United States must master to succeed in graduate school and beyond.

このbeyondという表現は，"to pursue academic careers" を簡単にした表現であり，"to succeed in graduate school（学校でも…重要）" が次の文で "in order to receive the degree（学位を取るのに重要）" と言い換えられていることにならっている。つまり，トピック・センテンスが言いたいこと

を集約して示しており，第1文・第2文ではその**理由Reason**として学位を取るためにも，大学教師の地位を得るためにも重要だから，と詳しく述べ，第3文・第4文でその**証拠・例示Evidence, Example**として大学のシラバスの文面を出しているという構造になっているのである。

▼課題文とトピック・センテンスとの関係

	文	機能	内容
Point		Topic Sentence	The ability to write well is among the most important skills a graduate student...must master to succeed in graduate school and beyond.

▲ Support

	文	機能	内容
Supporting Information	1	Reason 1	(This is due to the fact that) Graduate students...are expected to write many high quality papers in order to receive a degree
	2	Reason 2	Moreover, it is especially important for students hoping to pursue academic careers to publish papers in respected journals
	3	Evidence, Example	It is not difficult to find evidence...
	4	Evidence, Example	For example, one finds that syllabi for many graduate courses note...

　これでトピック・センテンスが最初に来て，段落全体を予告するという構造ができたことになる。つまり，読者の立場から言うと，トピック・センテンスを読めば，段落の内容をだいたい把握できるのである。

Sample Answer 3-2

The ability to write well is among the most important skills a graduate student in the humanities or social sciences in the United States must master to succeed in graduate school and beyond.

▼日本語訳
良質な文章を書けるという能力は，アメリカの人文科学・社会科学の大学院において成功するためだけでなく，その後のキャリアを追求するうえでも必須の能力である。

Review　確認したらチェックを入れよう

- [ ] 段落は一つのメッセージを伝える文の集合である
- [ ] 言いたい中心はPoint，その説明や補足はSupporting Information
- [ ] 文と文との関係を明確にするには，接続詞を積極的に使う
- [ ] 論理的文章では，Point Firstの段落構造になるように書く
- [ ] Point Firstとは冒頭の1～2文が段落全体の内容を予告する構造
- [ ] Topic Sentence は段落の内容を予測させ，全体のまとめになる
- [ ] 1つのTopic Sentence が複数の段落をコントロールしてもよい

Bookmark

❷ 時間配分について

　Task1は20分，Task2は30分しか書く時間がないので，実際に試験を受けるときに慌てないようにしたいですね。そのためには，各作業に要するだいたいの目安の時間を考え，それに合わせて何回も練習を重ねておく必要があります。とりあえずめざすべき時間配分としては，以下のような割合を目安としましょう。

▼Task1の時間配分

順序	Time	作業
1	3～4分	構想・アウトライン作成
2	15分	執筆
3	2分	見直し・修正

▼Task2の時間配分

順序	Time	作業
1	5～7分	構想・アウトライン作成
2	20～22分	執筆
3	2～3分	見直し・修正

　練習を重ねて慣れていくにつれて，1の構想・アウトライン作成の割合が少なくなり，2・3の部分にかけられる時間が長くなると思います。

　なお，初心者は1の部分なしでいきなり書き出す人が多いようですが，これは勧められません。途中で，言いたいことが矛盾したり，議論の方向を見失ったりすることがほとんどだからです。したがって，メモ用紙を使って必ず最初にアウトラインを作成してから本文を書き始めてください。

　ただし，これはアウトラインを1回立てたら，あくまで守り通さねばならないという意味ではありません。アウトライン作成には脳の**Warm Up**の意味もあります。メモをすることで，アイディアが明確化する意義が大きいのです。だから，途中で最初に考えたアウトラインよりよいアイディアが出てきたなら，躊躇せずに採用したほうがよい結果が出る場合が多いでしょう。

　そういう場合でも，最初のアウトラインは決して無駄にはなりません。なぜなら，書くことで一度全体構造とその配置が頭の中に入るので，そこからどう変化させたらいいかと考えるのは，比較的楽にできるからです。

Chapter 4 議論の整理と構成

議論の目的は，読者を説得することにあります。そのためには，備えていなければいけない要素があります。それらを主張と首尾一貫した関係にするにはどのようにすればいいか，具体的に学びましょう。

A 議論Argumentとは何か
議論とは一貫した理屈づけで相手を説得する方法である

B 議論の各パーツ
主張・理由・証拠の3つの要素を備える

C 予想される反論とそれに対する批判
反対意見があっても自分の主張を妥当と見せる方法

4 議論の整理と構成　　　　Lecture

Section A　議論Argumentとは何か

論文の価値を決めるのは何か

　論文Essayとは，主張→理由→証拠の構造を取るものだと前に書きました。その中で最も大切な部分はもちろん問題に対する解決（主張）の部分なのですが，実はこの部分をどう書くかということは，TOEFLでは意外に評価に関係しないことが多いのです。むしろ，理由と証拠の部分をどう組織して主張に結びつけるかというところが評価の分かれ目になる。これはTOEFLの問題形式と関係しています。

　たとえば，次のようなTOEFLのTask2の典型的設問を見てみましょう。

> 理由と根拠の部分の書き方が重要である

Example 4-1

> Do you agree or disagree with the following statement?
>
> All human actions are motivated by selfishness.
>
> Use specific reasons and examples to support your answer.
>
> (日本語訳)
> あなたは次の意見に同意しますか？　それとも不同意ですか？
> 人間の行為はすべて，利己的な動機に基づいている。
> 適当な理由と例示を用いて，あなたの答えをサポートしなさい。

　これは，主張（解決）の部分は「どちらかの立場を選ぶ」という形であり，もちろんagreeの立場を取っても，disagreeの

> どちらの立場を取ってもよい

立場を取っても評価に変わりはありません。そもそも，**どちらの立場を取るか正解がない**ことが圧倒的に多い。ですから，どちらの解決を取ったか，ということだけでは点数は付けられないのです。一般の論文だとこんな単純な解決（主張）にはならず，agreeとdisagreeの間でどう微妙な判断をするか，に迷う場合が多いのですが，TOEFLではそこにあまり悩む必要はないのです。

絶対性を利用する

このようにagree/disagreeを問われている命題（たとえば上のAll human actions are motivated by selfishness.というような判断を表す文）には絶対的な意味を持つ単語（always, all, never, necessary等）が使われている場合が多く見られます。これは，解答を書くときに有効に利用できます。たとえば"never"を含む命題にdisagreeする場合は，その命題に対して**例外となるケース**を挙げればいいでしょう。逆に，"all"を含む命題にagreeする場合は，その命題に対して一番問題になりそうな場合を取り上げて，それが**例外にはならないことを示す**のが効果的です。

> 例外があるかないか？

たとえば，先ほどの命題"All human actions are motivated by selfishness."にdisagreeするなら，selfishnessに基づいていない行動（たとえば自己犠牲的な行動）を一つ挙げてそれが存在することを示せばよいし，逆にagreeするなら，いかにもselfishnessではないような行動であっても，実はselfishnessが動機となっていることを示せばよいわけです。

曖昧な解決はなるべく取らない

> どちらかの立場を明快に取る

もちろん，agree/disagreeのどちらの立場を取っているのかよくわからない解決や，agree/disagreeの判断を避けている解決の点数は低くなります。たとえば，日本の新聞社説などによくあるタイプの主張・解決ですが，

1　It is necessary to stimulate debate on this problem.
　　（この問題については，議論を盛り上げる必要がある）

2　Further investigation is necessary to determine the validity of this view.
　　（妥当性をよく調べる必要がある）

　などというopen-ended solutionは，判断を避けていると基本的には見なされます。なぜならこれは，判断を読者や将来にゆだね，自分なりの判断を十分にしない解決の方法だからです。

議論をする必要を述べるのは主張にならない

　そもそも，Writingの問題に出される典型的問題はよく知られたものであり，どこかで「議論はもうなされている」と考えてよい。そういう状況で「議論をする必要」を主張するのは，滑稽以外の何者でもありません。二者択一の場合は積極果敢にどちらかを選ぶべきであり，選んでいないものの点数は当然低くなるわけです。

　ただし，実際は学術論文ではopen-ended solutionは結構使われています。特にreview articlesと言われる現在の状況のまとめの意味を持つ論文では，よく使われます。新聞記事もその意味で使っていると考えれば，open-ended solutionは必ずしも悪いとは言えないかもしれません。しかし，TOEFLで求められていることと，これらの学術論文や新聞記事とは違います。TOEFLではどちらの立場を取ってもよいのですが，何かの立場を取ることは絶対条件です。したがって，TOEFLの範囲内ではopen-ended solutionはやめておくのが得策です。

Focus !　主張・解決は明快な選択でなければならない

議論の部分で同意できるか

読者を同意させるように導く

　さて，解決・主張のところで評価が決まらないとしたら，Writingの点数はどこで評価されるのでしょうか？　それは議論argumentの部分，自分の主張・意見を読者に対して説得するところです。説得とは何か？　それは，読者が自分の書いた内容に同意するagreeことができるように導くことです。ある文章を読んで，反対意見を持っていた人でも「なるほど，そうかもしれないな」と心を動かされる，ということです。論文Essayは，このような目的のために書かれねばならないのです。

では「説得されて同意するagree」とは、いったいどういうことでしょうか？ 「心を動かす」というだけなら、実はいろいろな方法があります。たとえば、同情を買うために泣くとか、相手を大声で脅しつけるとか、金や名誉を提供して自分に賛成させるなどの方法はすべて心を動かし、ある程度の有効性があるでしょう。

> 説得の本質とは何か？

しかし、上記のような手段を用いて相手を自分の立場に同意させることは、説得persuade、convinceとは言えません。説得するという行為には大きな特徴があります。それは、以下の条件を満たさねばなりません。

1	相手の情動・感覚・肉体よりも、主に理性に働きかける（理性的・論理的）
2	相手も共有する原則に照らして、従わざるをえないと判断させる（共有的・自発的）
3	知らない相手にでも適用できる（普遍・一般的）

演繹と帰納

> 演繹＝原理から現象を導く

最初の**条件1**を直感的に表現すると（ちょっと誤解を招きやすい言い方でもありますが…）、議論は数学や物理学をモデルにするということです。数学では、ある前提を次々に言い換えていって、最後に求める結論につなげることができれば「証明終わり」となって完結します。議論も基本的には、この形式を踏襲します。ある疑いえない前提から出発して、言いたい主張にたどり着けば、それで議論の基本はできたことになります。これを演繹deductionといいます。

> 帰納＝現象から原理を導く

一方で、現実にかかわる事柄を議論する場合は理屈だけで追求すると間違う場合も多いので、具体例・データも必要になります。物理学なら、理論は実験によって確かめられない限り、正しいと認められない。議論もそれと同じで、例示・データから理論が導かれて初めて「なるほど」と納得されるわけです。こちらの示し方を帰納inductionといいます。普通は、この両方のやり方で結論の正しさを示す場合が多い。

共有のルールに従う

> 共有するルールがある

それに対して、**条件2**は、議論のしかたを読者・相手も共有しているので、そのルールに従った帰結なら、自分でも認めざるをえないと自発的に判断するということを意味します。別な言い方で言うと、議論のしかたによって、うまく結論を導き出したのに、「私はその結論は嫌いだから」と自分だけの事情で拒否はできないということです。その意味では、発言者（あるいは書く者）も聞く者（読者）も同じルールに従っているわけです。

最後に、**条件3**は、この議論のしかたは文化・地域・時代などにかかわりなく一定だということです。もちろん、これは多少訂正が必要かもしれません。議論の本質は、過去の議論の中には偏見や間違った前提がある、と主張することです。とは言っても、過去の議論が間違いだと主張する新しい議論自体も、過去の議論が従ったルールを共有して、主張されるのです。「過去の議論はおかしい」という内容も、今までの議論のしかたに基づいて示さないと認められないわけですね。

Reasonable Argumentとは

では、このような議論のルールとは一体どういうものでしょうか？　簡単に言うと、次の3つに絞られます。

1	一貫した理屈づけ
2	具体例・データ
3	他の論との整合性

> 理由を言い換えると解決につながる構造

1は簡単です。代表的には "because...（なぜなら…から）" で導かれる理由があり、それ自体は疑いえないことであること。さらに、その理由を次々に言い換えていくexplanation, warrantと、自分の解決・主張につながることの2つができていればよいのです。具体的に**Exercise 3-1**（93ページ参照）の文章で見てみましょう。

Exercise 3-1 再掲

Claim
↑
Reason

> ▼1 Classes with a small enrollment, with about ten to twenty-five students, are more likely to provide a better learning environment for students than classes with a large enrollment. ▼2 This is because classes with a small enrollment are more likely to be taught as a discussion seminar rather than as a lecture. ▼3 Small discussion seminars provide an ideal educational setting because they allow the professor to involve every student in class discussion to an extent that is difficult to achieve in a large lecture class. ▼4 In fact, many professors claim that students in small seminars learn the course material much more thoroughly and quickly than when they are conveyed that same material in a large lecture class. ▼5 One professor who was interviewed for this study said, "Throughout my 25 years of teaching I have always found that more students ask questions in small classes than in large lecture classes, and the inquisitive students always do better." ▼6 Furthermore, in course evaluation surveys students rated their educational experiences in small classes significantly more rewarding than experiences in large classes.

理由はたいてい解決のすぐ後に位置する

　この場合、このEssayの解決・主張claimは前述したように、第1文the first sentenceにあります。では、理由reasonはどこにあるのでしょうか？　もちろん、理由を表す典型的な接続詞becauseで導かれている第2文です。This is because...がそれですね。

　Claimの赤字の部分が少人数クラスについて主に主張されていることですが、その理由が「討論を主体とするセミナーの形で教えられる」という判断から来ていることはわかりますね。

| Claim | Classes with a small enrollment, with about ten to twenty-five students, are more likely to provide a better learning environment for students than classes with a large enrollment. |

▲ This is because

| Reason | …classes with a small enrollment are more likely to be taught as a discussion seminar rather than as a lecture. |

言い換え＝説明の構造

この理由の内容が次々に言い換えられていくのが、このReasonに続く部分です。（数字は文番号）

言い換えと繰り返しの連続に注目する

2. …are more likely to be taught as a discussion seminar
 ‖
3. …provide an ideal educational setting because they allow the professor to involve every student in class discussion…
 ‖ In fact
4. …students in small seminars learn the course material much more thoroughly and quickly
 ‖ One professor…said
5. …more students ask questions in small classes…the inquisitive students always do better
 ‖ in course evaluation surveys
6. …students rated their educational experiences in small classes significantly more rewarding

よく見てみるとわかりますが、これは「討論を主体とするセミナーになる」というReasonの内容が、第3文では"to involve every student in class discussion（すべての学生をクラス討論に巻き込む）"と言い換えられ、その効果が"ideal educational setting（理想的な教育的環境）"と述べられます。この"ideal educational setting"は、第4文では"In fact"で

"thoroughly and quickly（徹底的かつ早急に）"と言い換えられています。実際，学生が教えられたことを徹底的にしかも速く学べるのなら，たしかにそれは理想的教育環境といえましょう。

> 同じ主張が次々に言い換えられる

この主張は，第5文では"One professor（ある教授）"の証言として，さらに繰り返されます。"more students ask questions in small classes（小クラスのほうがずっと質問が多い）"し，"the inquisitive students always do better（質問が多い学生のほうが成績がよい）"がそれです。第6文では，さらにそれを"course evaluation surveys"というデータで補強しています。学生たちは"rated their educational experiences in small classes significantly more rewarding（小クラスのほうがずっとためになる）"と評価しているわけです。

このように，**reasonが次々に言い換えられていく構造になっていることがexplanation，または「一貫した理屈づけ」と呼ばれる**わけです。Essayを書くときには，きちんとこの構造ができているかどうかを常にチェックする必要があります。

Evidence-basedの意味

> 理論だけでは現実に存在するとは言えない

しかし，このような「一貫した理屈づけ」は大変重要ですが，これだけでは現実性realityを保証しません。古代・中世の形而上学が物事の根源を論理からだけ追求していこうとして，結局現実のモノの動きを見失ってしまったように，一貫した理屈を示せただけでは，必ずしもそれが現実と対応しているとは言えないのです。これは社会現象でも同じことです。19世紀の社会学がさまざまな理論を創り出して社会を説明しようとして失敗した歴史にも見られるように，理論展開だけでは現実を説明するのに心もとない。したがって，理屈を述べるだけではなく，必ずそれと対応する現実を指摘する必要があります。これを証拠evidenceと言います。

Focus! Claimが正しいことを示すには，ReasonとそのExplanationだけでなく，Evidenceが必要である

その中でも，最も強力なのが実験や観察のデータです。近頃，

Evidence-based Medicineなどという言葉が医療界でよく使われますが、これはある薬がある病気に効くかどうかは、きちんと科学的にコントロールされた実験・観察に基づいて判断され、そういう実験・観察によって「効力がある」とわかった薬しか使ってはいけない、という意味です。この態度は、Essayにおいても守られねばなりません。**単にreasonが合っているだけでなく、それがevidenceによって支持されていなければならない**のです。たとえば、**Exercise 3-1**（再掲）の課題文では最後の1文がそれに当たります。

> …in course evaluation surveys students rated…

学術論文では信頼性を確保するために、このcourse evaluation surveyなるものが、どういう学術雑誌journalのどのページに掲載されたかを注noteに書いておく必要があります。もちろん、TOEFLのEssay Writingではそんな必要はありませんが、しかしそれでもevidenceの重要性・必要性は変わりません。信頼できそうなデータを引っ張ってきて、「ほら、自分の主張はこういうデータによっても明白だろう」と示す必要があるのです。

Evidenceのいろいろ

> Evidenceは実験・観察データに限らない

自然科学では、evidenceとはほぼ実験・観察で得られたデータを意味します。しかし、それ以外の学問ではevidenceは実験・観察データだけを意味しません。そもそも、実験・観察データが存在しない領域もたくさんあるし、たとえ実験・観察をしても、それが現実を正しく表しているとは限らないからです。

たとえば、GDP（国内総生産）というデータは国民経済の豊かさを表す指標としてよく使われます。しかし、これが本当に「国民経済の豊かさ」を表すかどうかは異論があるところです。今まで、「豊かさ」を表す指標としてもっと適切なものがないか、とさまざまに試みられてきました。しかし、それらの指標は測定に客観性が保てない・難しいなどの理由で、あまり使われなくなり、GDPが生き残ったわけです。つまり、GDP

（左余白）信頼できるデータを提示する必要がある

という指標は「豊かさ」という現実を的確に表すから使われたのではなく，測定が比較的簡単だから使われたという面があるのです。

<small>Evidenceとして引用が有効な場合も多い</small>

こういう事情を考えると，evidenceは何も実験・観察データに限らなくてもよい。むしろ，「信頼性」を高めるものだったら何を使ってもよいのです。たとえば，「過去の信頼できる議論との整合性」などのほうが有効なときもあります。そういう場合は，引用citationなども有効でしょう。「過去のこういう著名人物（学者，定説）がこう述べているが，これは私の解決・主張と矛盾しない（支持する，同じである）」などと書けば，当然自分の解決・主張の信用度は高まります。実験・観察データがない場合は，こういうevidenceでもいいわけです。

Exercise 3-2（94ページ参照）でもう一度見てみましょう。

Exercise 3-2　再掲

<small>要約：書く力はアメリカの大学院では重要な能力である</small>

> The ability to write well is among the most important skills a graduate student in the humanities or social sciences in the United States must master to succeed in graduate school and beyond. This is due to the fact that graduate students in the humanities and social sciences are expected to write many high quality papers in order to receive a degree. Moreover, it is especially important for students hoping to pursue academic careers to publish papers in respected journals. It is not difficult to find evidence for the importance that graduate schools in the United States place upon the ability to write good academic papers. For example, one finds that syllabi for many graduate courses note that the student's final grade for a class is determined solely by the quality of single research paper of twenty to twenty-five pages.

上の文章のラストの文に注目してください。

For example, one finds that syllabi for many graduate courses note that the student's final grade for a class is determined solely by the quality of single research paper of twenty to twenty-five pages.

ここでは，アメリカの大学院のシラバスに書かれている文章を引用して，そこでは成績が研究レポートだけで決められると「書いてある」と述べ，自分の解決・主張である第1文

The ability to write well is among the most important skills a graduate student in the humanities or social sciences in the United States must master to succeed in graduate school and beyond.

を支持するevidenceとして使っています。つまり，他の本・論文からの引用でも，実験・観察データと同様に扱っているのです。

Example 4-2

要約：A薬とB薬の効果の比較

Recent clinical trials suggest that medicine A should be used instead of medicine B in order to treat disease C. This conclusion follows from extensive double-blind trials that compared the use of A, B, and a placebo to treat disease C in over one thousand patients. The tests indicated that patients who were administered A were two times more likely to make a full recovery than those patients who were administered B. The patients who were administered A were four times more likely to make a full than those who were treated with a placebo.

(日本語訳)

最近の治験では，C病治療にはB薬の代わりにA薬を用いるべきだと示唆されている。この結論は，1,000人以上の患者にA薬とB薬，それにプラシーボ（偽薬）を使って比べたダブル・ブライ

> ンド・テストに基づく。このテストではA薬を投与した患者はB薬を使った患者より2倍以上完治することが示された。A薬を投与した患者はプラシーボを使った患者より4倍完治している。

　この文のevidenceは第2文以下にあるC病を治療するために薬Aと薬B, プラシーボを使った実験です。その結果は, Aを投与した患者のほうがBを投与した患者より2倍完治しました。これだけのデータがあれば, BよりAを使うべきであるという主張は, 十分に支持されることになります。

▼▲▼ Warm Up！ 4-A　〈小問を解いてみよう〉 Let's try

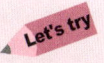

1. Which of the following is a reasonable statement to defend as a claim in an academic essay?
   a) This paper explores how to solve the problem of air pollution in Tokyo.
   b) Soccer is a more interesting sport than badminton.
   c) I prefer orange juice to apple juice.
   d) It is a mistake to interpret the decrease in unemployment rate as an indication that economic recovery is underway.

2. Which of the following is a reasonable statement to defend as a claim in an academic essay?
   a) Bill Clinton defeated Bob Dole in the 1996 United States Presidential election.
   b) I like Republican presidents more than Democratic presidents.
   c) The importance that presidential debates play in determining the result of elections is overrated.
   d) Many people I have talked to think that Gore should have won the 2000 US Presidential election.

▼解答は254ページ

Section B 議論の各パーツ

今までのところをまとめると次のようになります。

> 1　議論は**主張claim＋理由reason＋証拠evidence**の3つの要素partsからなる
> 2　理由reasonはその主張が成り立つための一貫した理屈づけであり，reasonとそのexplanationからなる
> 3　証拠evidenceはその理屈づけが現実と対応していることを示す部分であり，実験・観察データや引用からなる。
> 4　これらの理由・証拠は全体として，自分の解決・主張の信頼性を高め，読者がそれを読んで納得することを目的とする

各要素の望ましい順序とは

なるべく理屈の部分を先に出す

さて，これらの理由・証拠はどのように並べればよいのでしょうか。これは前の段落paragraphの順序と同じで，大事な順序，つまりポイント・ファーストの原則で並べればいいわけです。とすると，今までの説明の順序と同じように

主張 ▶ **理由（＋説明）** ▶ **証拠（＝例示・引用）**

などとすればよいわけです。これは，「一般から具体へ」あるいは「理屈からデータへ」の流れとして特徴づけられます。

なぜ理屈の部分が先に出るか？　基本的には理屈の部分のほうがより抽象的・普遍的で，より多くの事象に適用できると考えられるからです。その意味で，一つの特殊な事例しか扱わない例示より適用する範囲が広く，それだけ意義が深いと考えられる。日本のいわゆる「エッセイ」では，よく例示のほうが先に出る文章が書かれるので，例示を先にして理屈を後にする人がいますが，少なくとも英文ではあまり望ましいことではありません。これは，「段落の構造」を説明したときに，ポイン

ト・ラストは避けるように述べたことと原理が同じです。

全体構成と段落構成

その意味で言えば，Essayの全体構成とその要素である各段落の構成はほぼ同じになるわけです。ポイント・ファーストで書かれた段落paragraphが集まって，ポイント・ファーストの全体を構成するという「入れ子構造」になっているわけです。

Focus! Point Firstの段落が集まってPoint Firstの全体を構成する

Example 4-3

▼1 Classes with a small enrollment, with about ten to twenty-five students, are more likely to provide a better learning environment for students than classes with a large enrollment. ▼2 Small classes are desirable because they create an atmosphere more conducive to discussion and allow professors more time to work closely with each student. Such classes are more likely to be taught as a discussion seminar rather than as a lecture. Discussion seminars provide an ideal educational setting because they allow the professor to involve every student in class discussion to an extent that is difficult to achieve in a large lecture class. This is important because many professors claim that students in small seminars learn the course material much more thoroughly and quickly than when they are conveyed that same material in a large lecture class. One professor who was interviewed for this study said, "Throughout my 25 years of teaching I have always found that more students ask questions in small classes than in large lecture classes, and students who ask questions always do better."

A further reason small classes are desirable is because they allow professors more time to work closely with each student. If there are fewer students in a class, then the professor can spend more time with each student. This means that each professor can assign projects or essays that draw upon the interests of each student. Not surprisingly, many students find the opportunity to work closely with a professor on such projects or essays very rewarding. In fact, in course evaluations students consistently rated their educational experiences in small classes significantly more rewarding than experiences in large classes. Moreover, a majority of students cited the opportunity to work closely with a professor as a major benefit of their respective small class.

(日本語訳)

要約：少人数クラスの方が教育環境としては望ましい

▼1
小規模クラス，つまり10名から25名ぐらいのクラスは，大規模クラスに比べて，よりよい，あるいはより満足できる教育環境になるという傾向がある。▼2小規模クラスが望ましいのは，そのようなクラスが討論の助けになる雰囲気を醸し出し，教授と学生の触れ合いを増すところにある。このようなクラスは，講義というより，討論（中心の）セミナーのような形で運営されることが多い。これは教育環境として理想的だ。なぜなら，教授はすべての学生たちを討論に参加させることができるからだ。これは，大規模の講義では困難なことだ。実際，多くの教授たちは，同じ教材を扱っても，小規模クラスの学生のほうが大規模クラスの学生よりもずっと徹底的かつ効率的に学習できると主張している。この研究でインタビューしたある教授は，「25年間教えてきたけど，小規模クラスの学生のほうが大規模の講義の学生よりもずっとよく質問をする，といつも思うよ。質問を多くする学生は成績もいい」と言う。

小規模クラスが望ましいもう一つの理由は，教授が一人一人の学生と密接にかかわる時間が増えることである。クラスの人数が少なければ，それだけ教授は一人一人の学生に使える時間が多くなる。つまり，教授がそれぞれの学生の興味を引きそうな学習課題やレポートを課すことができるのだ。当然のことだが，学生にとって，学習課題やレポートにおいて教授と密接にかかわるのは有益な機会となろう。実際，学習評価調査でも，学生たちは大規

> 模クラスでの経験より，小規模クラスのほうがずっと得るものが多いと評価している。さらに，学生の大部分は，教授と密接にかかわる機会を，それぞれの小規模クラスにおいて一番ためになったこととして挙げているのだ。

　この構造の実例が上の文章です。前にも出てきたテーマですが，小規模クラスの有効性について複数段落を使って書いているバージョンです。まず，赤字が入っている第2文に注目しましょう。ここでは，小規模クラスが望ましい理由を以下の2つに分けています。

1　they create an atmosphere more conducive to discussion
　（小規模クラスは，討論に役立つ雰囲気を創る）
2　(they) allow professors more time to work closely with each student
　（教授が学生一人一人にもっと密接な時間を取れる）

　さらに，1については第2文の直後でもう一度"more likely to be taught as a discussion seminar"と繰り返して，その細部をその後で詳しく説明しています。それに対して，2については第2段落の冒頭で"allow professors more time to work closely with each student"とほとんど同じ形で繰り返され，詳しい説明がそれに続いています。
　つまり，この文章は，第2文の直後・第2段落の冒頭が第2文で主張されている内容を一つずつ繰り返しつつ，それぞれに続く部分で，より詳しくわかりやすく言い換えるという構造をしているわけです。

文章全体も段落の一つ一つもポイント・ファースト

　つまり，第1段落と第2段落はポイント・ファーストで書かれているのですが，その後半も全体として冒頭にある第2文の細部の説明になっているわけです。つまり，第1・第2段落はそれぞれポイント・ファーストになっていながら，文章全体も，第1段落冒頭がポイントになって，細部の説明である第1段落の後半だけでなく，「教授が学生一人一人に密接な時間をもっ

> 第1段落のポイント・センテンスが第2段落もコントロールしている

と取れる」というポイント・センテンスを持つ第2段落をもコントロールしているという二重のポイント・ファーストの構造あるいは入れ子の構造になっているわけです。図に書くと多少複雑ですが，以下のようになります。

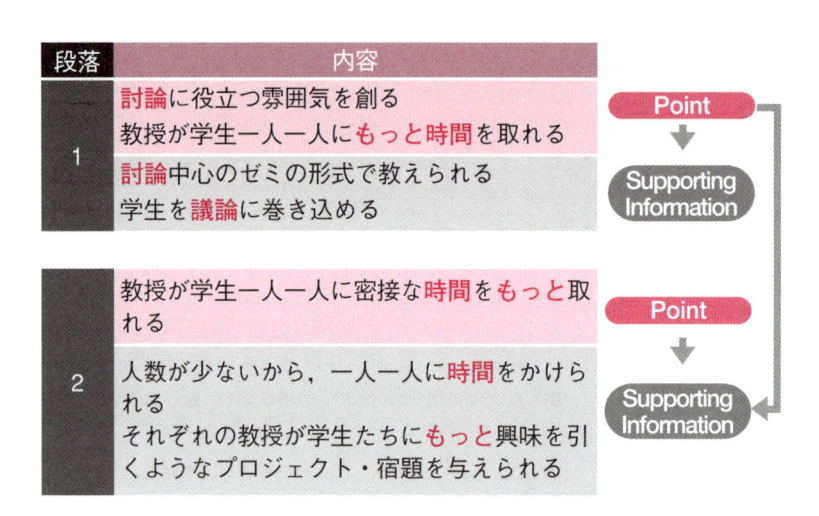

段落	内容	
1	討論に役立つ雰囲気を創る 教授が学生一人一人にもっと時間を取れる 討論中心のゼミの形式で教えられる 学生を議論に巻き込める	Point → Supporting Information
2	教授が学生一人一人に密接な時間をもっと取れる 人数が少ないから，一人一人に時間をかけられる それぞれの教授が学生たちにもっと興味を引くようなプロジェクト・宿題を与えられる	Point → Supporting Information

つまり，ポイント・ファーストの構造は，各段落だけそうなっているのではなく，文章全体もその構造になっている，というわけなのです。

段落の数と議論の関係

よく本論Bodyの部分は「2～3paragraphは必要である」と英語学校では教えられます。しかし，ここまで書いたように議論，特にその理由・説明・例示の部分は1セットで一つのことを証明するようにできているので，あまり長すぎないのであれば，一つの段落で書いていくほうが良いと思われます。だとすると，**body**の部分は**1 paragraph**で書けてしまうことになり，「段落の数が足りない」ことになってしまいます。

> 段落の数を増やすにはどうするか？

こういう場合はどうするか？　答えは簡単で論点を2つ以上考えればよいのです。論点とは，議論の枝分かれを言います。たとえば，上の**Example 4-3**のように理由を2つ考える。すると，最初の段落では，その理由を2つと理由1の説明，具体

的な例示が書ける。次の段落では理由2の説明，具体的な例示が書ける。これで2段落になります。

　後は序論と結論を最初と最後にくっつければ，それで4段落になります。

```
                 第2段落
           ┌─→ Body1  理由1 ▶ 説明 ▶ 例示 ─┐
第1段落                                      第4段落
Introduction                                 Conclusion
           └─→ Body2  理由2 ▶ 説明 ▶ 例示 ─┘
                 第3段落
```

冒頭から順番に並べてみる

　これを実際の文章に出てくる形に直せば，下のように整理できるでしょう。

1	Introduction 序論	話題の提示，問題と解決（＋理由）
2	Body 1 本論1	理由1の説明・例示
3	Body 2 本論2	理由2の説明・例示
4	Conclusion 結論	解決の繰り返し

具体例を考える

　Example 4-3で言うなら，第2文の赤字の所までが問題と解決の部分ですから，ここに一文書き足してIntroductionのparagraphとして独立させます。さらに第3文の冒頭に適当な接続詞を入れます。最後には結論が抜けていますが，それを書き足す。たとえば，最初の部分は次のように書き直せば，あとは結論をつけ加えて4段落になるはずです。

Example 4-4

Introduction

There has been a long history of discussion about how large the class size should be in terms of learning environment. But, classes with a small enrollment, classes with about ten to twenty-five students, are more likely to provide a better learning environment for students than classes with a large enrollment. Small classes are desirable because they create an atmosphere more conducive to discussion and allow professors more time to work closely with each student.

Body 1

First, small classes are more likely to be taught as a discussion seminar rather than as a lecture...

複数段落でBodyを構成する場合，本論1で理由・説明を，本論2で例示をするという形式も日本文ではよく見られますが，前述したように例示はできることなら同じparagraphに入れたほうがよく，本論2が例示だけという構成は避けたほうがよいでしょう。もちろん，例示が込み入っていたり，データがたくさんあってそれ自体に価値がある，というような場合には別な段落にしても悪くないのですが，TOEFLの場合はそういう場合は少ないのではないかと思います。

Focus! 全体を4段落以上にするには理由・説明などを2つ以上考える

反対論を考慮する方法

5段落にするには，反対意見を考える

もし理由や説明が一つしかない場合，あるいは5段落にしたい場合だったら，次節のように反対意見を考慮して，それを批判したり，あるいはその一部を用いて自説を修正・洗練したりなどと対応する方法があります。

この場合は，本論が1つなら全体は4つ，本論が2つなら全体は5つの段落になるわけです。これで，「本論は2～3paragraphは必要である」という最初の要求を満たすことができま

す。いずれにしろ，どんな内容でもよいから3つ段落を書けばいいわけではありません。複数の段落を書くのなら，全体が有機的に結びつく，つまり一つ一つがばらばらではなく全体としてまとまったメッセージを持つように構成せねばならないのです。

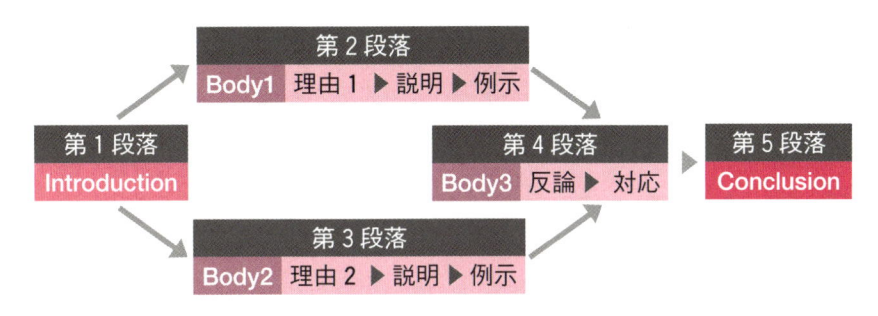

```
                    第2段落
                    Body1 理由1 ▶ 説明 ▶ 例示
第1段落                                        第4段落              第5段落
Introduction                                   Body3 反論 ▶ 対応    Conclusion
                    第3段落
                    Body2 理由2 ▶ 説明 ▶ 例示
```

▼▲▼ Warm Up！ 4-B 〈小問を解いてみよう〉 Let's try

1. Which of the following sentences is the most appropriate sentence with which to begin a paragraph?
    a) One of the most important reasons for the poor mathematical ability of many college students is the lack of preparation in high school.
    b) For example, sushi is one of the most popular foods in Japan.
    c) There are two reasons for my position that students should be required to attend class on Saturdays.

2. Which of the following sentences below expresses the strongest claim?
    a) There are at least two possible ways to interpret the results of the experiment presented above.
    b) It is possible to interpret the results of the experiment presented above in two different ways.
    c) There are two, and only two, possible ways to interpret the results of the experiment presented above.

▼解答は254ページ

Section C　予想される反論とそれに対する批判

さて、Task2のような問題では、「あれか／これか」を選ばせるようなものが多く、どちらを選ぶべきか正解はないのだ、と先に書きました。だとすれば、次のようにも言えます。つまり、どちらを選んでも、**自分と反対の意見・解決を選ぶ人がいることが最初から予想される**。

> 反対が予想されるときの主張の方法は？

このような場合、自分の解決・主張だけを一生懸命書くだけでは、一方的な主張と解釈され、説得力として十分ではありません。したがって、このように、最初から反対意見が存在することが予想される場合には、その反対意見を取り上げて、その妥当性を検討することが必要になります。たとえば、最初に挙げた人間行動と利己主義の例を考えましょう。

Example 4-1　再掲

> 要約：人間の行動は利己的である

> Do you agree or disagree with the following statement?
>
> **All human actions are motivated by selfishness.**
>
> Use specific reasons and examples to support your answer.

自分の主張・立場として、「人間の行動はすべて利己的な動機に基づいている」という主張に対して、**agree/ disagree**のどちらの立場でも取ってもかまいません。だから、仮に自分が**agree**の立場を取っても、**disagree**の立場を取る人々がいることが確実に予想されます。また、そういう状況が予想されるからこそ、こういう**agree/ disagree**タイプの問題が成立するとも言えるのです。

さて、この問題に関しては、先の説明によればどちらの立場を取ってもよく、同じように「理由→証拠」を付けることができれば、**Essay**は完成します。Chapter2でintroductionを書き

ましたが，それに続けて自分の立場を表明し，根拠を述べる形は次のようになります。

Example 4-5

Agree

要約：人間の行動はすべて利己的と言える

❶ There are many different theories regarding what motivates human beings to act in the ways that they do. On the one hand, there are those who argue that all human actions are motivated by selfishness. On the other hand, there are also those who contest such a view. I agree with the former position because this concurs with evidence from biology and psychology.

　　　Biology, especially the theory of evolution, supports the view that human beings are selfish….

　　　The contention that human beings are inherently selfish is also supported by recent studies in psychology….

（日本語訳）

　人間が行動するときの動機については，さまざまな理論がある。人間行動のすべては利己的動機によると論ずる人がいる一方，他方ではそういう見方に反対する人々もいる。私は，前者の主張に賛成である。なぜなら，生物学や心理学で得られた証拠は，これに合致するからである。

　生物学，特に進化論は人間は利己的であるという見方を裏付けている。実際…（適当な証拠・データを付ける）

　人間は生来利己的であるという主張は心理学の最近の研究によっても裏付けられている。…（適当な証拠・データを付ける）

Disagree

要約：人間の行動は利己的とは限らない

❷ There are many different theories regarding what motivates human beings to act in the ways that they do. One common view holds that all human actions are motivated by selfishness. I disagree with this view because there is biological and historical evidence that suggests otherwise.

One fact that challenges the contention that human beings are inherently selfish is that history has seen many instances, especially during wars, in which one human being has sacrificed himself or herself for the sake of others.

Biology, especially the theory of evolution, also supports the view that human beings are not selfish because evolution often seems to favor groups containing members who sacrifice themselves for others....

(日本語訳)

人間が行動するときの動機については，さまざまな理論がある。よくある見方は，人間行動のすべては利己的動機によるというものである。しかし，私はこの見解に対して反対だ。なぜなら，生物学的・歴史的な証拠はこれと反対の見方を示しているからである。

人間は生来利己的であるという主張に疑いを抱かせる事実の一つは，歴史においては，特に戦争時など，人間が他人のために自分自身を犠牲にするという行動がよく見られることである。

生物学，特に進化論は人間は利己的ではないという見方を支持する。なぜなら，他者のために自己を犠牲にするメンバーを含む集団に対して，進化は有利に働くからである…

どちらの立場でも主張は可能

❶は"All human actions are motivated by selfishness."という主張にagree，❷はdisagreeの立場をとります。❶も❷も主張がはっきりしているだけでなく，その理由として生物学と心理学，または歴史学上の証拠を出す形になっていることに注意しましょう。ただし上の例では，❶のほうは細かい証拠を省略していますが，もし❶でも具体的な証拠をきちんと出せれば，❶と❷ともにsupporting informationがしっかりしているので，どちらの主張も「正しい（妥当であるplausible）」ように見えます。つまり，まったく対立する2つの主張のどちらも「正し」そうだということが示せるでしょう。最初にEssayに正解はないと書いたことからもわかるように，これで実はまったく問題な

いのです。

　しかし，釈然としない人もいるでしょう。それでは，これらの主張・立場のどちらを選んでもよいのか？　それでは，主張・立場など何でもよいのか？　意見・立場・主張などは相対的であり，どんなことでも主張できるのか？　以上のような疑問を持つ人もいると思います。

両論が並び立つとき

　現実には，このように同じような「正しさ（妥当性）」で両論が並び立つことはそう多くありません。双方の理由・証拠を比較検討すれば，どちらかのほうが他方より「強い」あるいは「弱い」と判定される（少なくとも自分にとっては…）場合がほとんどだからです。しかし，どちらも同じように「正しい」と見える場合もあるのは否定できません。

> 反対意見を考慮しても自分の議論が妥当と述べる方法

　このように妥当性が同じくらいの両論が並び立つことが予想される場合でも，自分のargumentの強さを向上させる方法があります。それは，**反対意見に対する配慮が自分にきちんとあることをアピールする**方法です。

　もし，反対意見があるのが予想され，それが自分の立場・主張とほぼ同じような妥当性を持つ理由・証拠がある，と思われる場合には，そういう意見をわざわざ取り上げ，そのうえでその反対意見を否定または批判できることを示せば，自分の議論は少なくとも相手の議論より強い，と示すことができます。

Focus! 相手の議論より強いことを示す＝反対意見を取り上げる＋否定・批判する

典型的な表現

　このように「反対意見を取り上げる」場合の典型的な表現は次のとおりです。**Example 4-5**の❷の後に入る議論を考えてみましょう。

Example 4-6

要約：進化とは集団の保存に役立つ行動である

> Some argue that the theory of evolution only favors individuals who act selfishly. Such a position, however, is misguided in that it fails to recognize that evolution can also act on groups. This fact implies that evolution may also favor behavior that is valuable to the preservation of a group, such as non-selfish behavior.
>
> (日本語訳)
> 　（確かに）進化論は利己的に振る舞う個体にのみ有利に働くと論ずる者もいる。しかし、そのような主張は誤っている。なぜなら、このような主張は、進化は集団についても働くということを見落としているからだ。この事実は、進化は集団の保存にとって役立つ行動、たとえば非利己的な行動にも有利に働くであろうということを含意している。

　この部分は、「進化論は利己的に振る舞う個体を有利にするはずだ」という反対意見を予測し、その前提になっている「進化論は個体に関係する」という命題を取り上げ、その考えに対して「進化は集団についても働くということを見落としている」と批判しているのです。

さまざまな批判の方法

> このように、反対意見を取り上げ、それを批判する英語の表現にはいろいろなものがあります。いくつか、その例を挙げてみましょう。

強調と逆接の組合せ

◆ Some may argue (find surprising/contend) that..., but...

Some may argue that writing and thinking are separate processes, but this view seems to miss the point that writing often helps clarify one's thoughts.

> 日本語訳
> 　書くことと考えることは別のプロセスであるという意見もある。しかし，このような見方は書くことがしばしば思考をより明瞭にするという事実を無視している。

理由または証拠を
ひっくり返す

◆ It is certainly true that..., but...
　It is certainly true that medicine A appears to be more effective than medicine B, but it is still premature to draw a definitive conclusion.

> 日本語訳
> 　A薬はB薬より効果的であることはむろん正しい。しかし，ここから決定的な結論を引き出すにはまだ証拠が足りない。

根拠への不信感を
かき立てる

◆ Although it is true that..., but...
　Although it is true that in most cases small classes provide better learning environment for students than large classes, but small classes alone do not guarantee a rewarding educational experience.

> 日本語訳
> 　確かに，たいていの場合，少人数クラスは大人数クラスよりもよい学習環境になる。しかし，少人数クラスというだけで有益な学習経験を保証するわけではない。

共通した構造

相手の主張に触れ
てから反駁する

　どれにも特徴的なのは，まず「…は確かである」「…という人もいる」などとやや強めの言葉で反対意見を確認する。そののちに「しかし」「だが」などの逆接の接続詞を持ってきて，相手の主張の否定・批判を展開しているということです。これは日本語でも「もちろん…だが…」「確かに…しかし…」などの譲歩表現に見られるのと同じです。まず，読者が当然持つであろう反対意見を取り上げ，一応「そのとおりだ」と賛意と確認を表明しておいて，それからそれをおもむろにひっくり返す，

あるいはその信頼性を下げるという構造になっているわけです（もちろん，これは反対意見の予想だけでなく，**disagree**の意見を書き出す冒頭にも使えます）。

　しかし，相手の立場・批判をひっくり返すといっても，どこをどうすればいいのでしょうか？　それは簡単です。相手の立場・主張も**Essay**である限り，同じような構造を持っているからです。つまり，立場・主張＋理由＋証拠という要素を必ず含んでいるわけです。したがって，相手の立場・主張を批判するときには，もちろんその理由または証拠の部分がおかしい，あるいは信用ならないということを示せばよいのです。

理由と証拠への批判

> 理由・証拠の部分を批判する

　理由の場合なら，論理構造に飛躍がある，理由自体がおかしいというふうに述べる。証拠の部分なら，このデータには信頼性が薄いとか，データや数字の解釈のしかたが違う，あるいはデータの出典に疑義があるなどと指摘する。つまり，反対意見の根拠（理由＋証拠）に対する不信をかき立てるのです。そういう部分が明らかに指摘できれば，そういう批判が存在しない自分のもともとの主張のほうが「より正しい（妥当性がある）」と言えるわけです。

Example 4-7

> reasonの部分に対する批判
>
> (See the paragraph about small classes) Class size may not be a good indicator of whether a student will have a rewarding educational experience in a class. In fact, it is more likely that whether students have a rewarding experience depends on the teaching skills of the professor.
>
> 〔日本語訳〕
> クラスの大きさは，学生が有益な学習経験を得たという指標としてはよくないかもしれない。実際，学生が有益な学習経験を得るかどうかは教授の教育スキルによる部分が大きい。

Example 4-8

> **evidenceの部分に対する批判**
>
> (See the paragraph on clinical trials) The study suggesting that medicine A should be used over medicine B to treat disease C is flawed because it is questionable whether all the patients in the study did in fact have disease C.
>
> 日本語訳
> この研究はC病を治療するためには，A薬がB薬よりも使われるべきだと暗示しているが，当該研究ではすべての患者がC病に罹患していたか疑問であるので，その信頼度には疑問がある。

場合によって批判するところは違う

Example 4-7では先の小クラスのほうが大クラスよりよいという主張のreasonの部分「クラスの大きさが教育的効果に大きな影響を及ぼす」という内容の信頼性を低下させようとしています。むしろ，教育効果は教授の技術に依存しているのではないか，と疑問を投げかけているわけですね。

それに対して，**Example 4-8**では投与試験がおかしいとevidenceの部分を批判しています。この研究に参加したすべての患者がC病にかかっていたかどうかが明らかではない，と言うのです。確かに，こんな不正確なデータでは薬の効果は信用できないことになる。いずれにしろ，相手の根拠（理由＋証拠）の不備を指摘・攻撃して，信頼度を低め，相対的に自分の主張に対する信頼度を高める，という方法を取っているわけです。

Focus! 批判の本質＝相手の議論が成り立たないことを示し，信頼度を低めることで，自分の議論に対する信頼度を相対的に高める方法

Qualificationとは？

もちろん，この方法は，対立する反対意見の理由＋証拠の部分を否定できることが前提になります。したがって，反対意見の理由＋証拠を完璧に否定できなければ，使うことができません。

もし，否定できないままにこの方法を取ると，相手方の意見・主張を述べ，その根拠（理由＋証拠）まで触れるのですから，自分のもとの主張と矛盾してしまいます。

たとえば，自分のもともとの主張が「仕事を選ぶ場合は，経済的条件を優先しなければならない」であるのに，考えられる反対意見として

It is always best to choose a job that you enjoy.

と書くと，いくらこの意見が説得的だからといっても，一貫した内容を持つ文章として成り立たないのは一目瞭然です。

> 反対意見を完全に否定するのは困難である

しかし，反対意見の理由＋証拠を完璧に否定できるという場合はかなり限られるのが事実です。たとえば，データが古いとか，論理的なミスを犯している，などの場合ですが，有力な反対意見がこういう初歩的な間違いを犯している例はごく少ない。したがって，反対意見を取り上げて完全に否定しさる，などということはよほどの幸運でもないとできない相談です。

反対意見の一部を認める方法

ただし，反対意見を取り上げる場合は，以上のような否定・批判が唯一の方法ではありません。ある場合には，**反対意見の一部の主張を取り上げ，それを使ってより自分の主張を洗練された／正確な表現・内容に練り上げる**やり方もあります。このためには，相手の反対意見の一部について，その正当性を認めて，自分のもともとの主張を一部修正することになります。

Example 4-9

> Among jobs that allow you to meet your basic financial needs, it is best to choose the one that you will enjoy the most.
>
> 日本語訳
> 自分の金銭的必要を満たすことのできる仕事のうちで，自分が最も楽しんでできる仕事を選ぶことが一番大切だ。

反対論の一部を取り入れることで信頼性を高める方法

これは反対論の主張の一部の内容を受け入れ，自分の立場・主張がある条件の下で成り立つ，限定された内容のものであることを主張しています。その意味で，一見自分の立場を弱めるようにも思えますが，反対論を取り入れることによって，自分の議論をより正確な内容にしている。しかし，一方でもとの議論の基本線は変わらないことも確認しているのです。その意味では，必ずしも自分の議論の信頼度を貶めることにはなっていない。むしろ，自分の議論が反対意見も考慮し，より公平fairになっていることをアピールしているわけです。

一般に，反対意見を取り入れることのメリットは，この公平さfairnessのアピールにあります。たとえ前の方法のように相手の意見を否定・批判するのであっても，反対論を無視したり取り上げなかったりするよりは，ずっとフェアだという印象を与えることができるのです。

Focus! **反対意見を取り入れることのメリット＝公平さfairnessのアピール**

TOEFLの場合の応用

ある程度書き進めてから書き足す方法として役立つ

ただし，TOEFL Writingの場合は，ここまで厳密に反対論の取り上げをしなくても，たいてい制限word数に達してしまうことが多いようです。一般的に300 word程度ならば，自分の主張をサポートするreasonとevidenceを挙げるだけで制限word数に達してしまう。

それでも，この方法を知っておくことは無駄ではありません。なぜなら，ときどき論題によってはreasonとevidenceの部分が予想よりもあっさり終わってしまって，制限word数にはるかに達しないということもありえるからです。そういう場合，最初からreasonとevidenceを書き換えて，分量を増やすというやり方は，時間制限を考えてもあまりよい方法ではありません。むしろ，今までの部分を生かして，反対意見を予想して，それを批判する，あるいは一部を取り入れるという方法を取ったほうがずっと書きやすいでしょう。

4 議論の整理と構成　　Exercise

Exercise 4

In following exercises (**4-1**〜**4-4**), a claim sentence is given. Give some types of reasons or evidence that might be used to support or defend the claim.

4-1

Claim: "Ronald Reagan was one of the most popular presidents in the history of the United States."

HINT

How would you show that a president was popular?

4-2

Claim: "Pharmaceutical company A knew of the dangers of drug B before it was released."

HINT

How might you show that the company had knowledge about the dangers of drug B? What constitutes evidence of such knowledge?

4-3

Claim: "The decline in the number of university students studying the sciences and mathematics will hurt Japan's high-tech industries."

HINT

How would you show that one thing will affect another?

4-4

Claim: "Capital punishment should be abolished."

HINT

What kind of effects of a policy/law would show that it should be abolished? Difficulties in enforcing it? Dangers in enforcing it?

4-5

Please look back to Example 4-5 (p.125). In the second of the two examples there are two incomplete body paragraphs. Please complete both of those paragraphs.

HINT

Read the first sentence of each paragraph carefully to determine what each paragraph should be about.

Solution

Exercise 4

▼日本語訳

次の演習問題 **4-1**〜**4-4** では，主張を述べる文が与えられている。その主張をサポートするのに使えるかもしれない理由や証拠のタイプは何か？

4-1

ロナルド・レーガンは合衆国の歴史の中で最も人気のある大統領の一人だった。

HINT

どうしたら，大統領の人気があることが示せるだろうか？

証拠から先に考える

人気があるかどうかは社会の人々がどう感じているかという問題だから，論理的な判断から導くわけにはいかず，何らかのデータや証拠から導くほかないだろう。たとえば，新聞などマスコミがどれくらいレーガンを支持していたかなども参考にできるかもしれない。しかし，マスコミは近年になって発達してきたのだから，その反応をアメリカの初期の頃と近年と客観的に比べられるかどうかには疑問が残る。

それに対して，選挙における得票比率などはずっと信頼できるデータだろう。なぜなら，得票比率はその人を大統領として是認している人々の割合だから，人気の程度を測る指標になりえるし，アメリカはずっと民主主義だったので，比較的長い間にわたってデータが取れるからである。そのうえで，各大統領が選挙のときに獲得した票の比率を比較して，レーガンの比率が最も高いグループの中に入ることを示せばよい。

Sample Answer 4-1

Reason: One measure of popularity might be what percentage of all voters voted for Reagan during the elections in which he ran for president. If so, one could argue that historically few presidents received as large a percentage of the vote as Reagan did.

Evidence: The evidence would actual results of the vote.

▼日本語訳

理由：人気を測る一つの方法として，大統領選挙のときにレーガンに投票した有権者の比率がどうなっているか，が挙げられるかもしれない。もしそうなら，歴史的にレーガンほど多くの得票率を得た大統領はほとんどいないと言えればよいだろう。

証拠：証拠は実際の得票の結果である。

4-2

▼日本語訳

製薬会社AはB薬の発売前に，その危険について知っていた。

HINT

会社がB薬の危険に対して，知識や情報を持っていたことをどうやれば示せるだろうか？　そのことを知っていたという証拠は何か？

具体的証拠を解釈する

「前に…知っていた」は論理に基づく判断ではなく，事実に対する判断だから，**4-1**と同じく，このような主張をするには，こういう事実が実際にあったことを示す，なんらかの具体的データが必要になる。たとえば，製薬会社Aのメモあるいは過去の資料などが重要な証拠になるだろう。「これこれの内部文書によれば…」などと述べることになる。この部分が証拠evidenceを構成する。

しかし，その文書の表現そのままでは意味が不分明で，直接主張を裏付けることはできないかもしれない。そのため，「ここにこのように書いてあるが，この表現はこういうことを表しており，製薬会社Aが事前に危険を察知していたことがわかる」と解釈しなければならなくなる。この部分が理由reasonを構成することになる。

> **Sample Answer 4-2**
>
> Reason: To make this argument you must suggest that the company had data on the dangers before it was released.
> Evidence: For a claim such as this one, it is necessary to use memos and documents as evidence.
>
> ▼日本語訳
> 理由：このように述べるためには，製薬会社が薬の危険についてなんらかの情報を得ていたことを示す必要がある。
> 証拠：会社の内部文書などを証拠として示す必要がある。

4-3

▼日本語訳
　科学や数学を専攻する大学生の数が減っていることは，日本のハイテク産業にとって痛手になるだろう。

HINT
あることが他のことに影響することを示すにはどうすればいいだろうか？

証拠を探す

　これは，どういう証拠を探すかについてロジックが必要となる。たとえば

1	ハイテク産業では一定数の科学・数学専攻の大卒労働者を必要とする
2	そのような学生が減ると将来の労働需要を満たせない
3	ハイテク産業は労働力不足で思ったような開発・生産ができなくなる
4	その結果，産業全体が衰退する

というようなロジックを立てる。そのうえで，たとえば経済統計などを引用して，ここ数年ハイテク産業に就職した人の数がどのくらいあるか示す。そうすれば，将来ハイテク産業が必要とする労働者の数が予想できる。それと，現在科学・数学を専攻している学生の数を比較して後者が少ないことを示すことになる。

相関関係と因果関係

　どうしてこんな面倒なことをしなければならないのだろうか？　科学・数学を専攻する学生の数が減れば、そういう学生を雇用するハイテク産業が困るのは自明のような気がする。だから、科学・数学専攻の学生の数の減少を指摘するだけで、将来のハイテク産業の衰退は示せるのではないか、という疑問が湧くかもしれない。しかし、それだけでは不十分なのだ。なぜなら、2つの間に関係があると指摘するだけでは、1つの事柄からもう一方が必ず出てくるとは言えないからだ。

　ある現象と別の現象に一定の関係があることを、相関関係があると言う。しかし、相関関係だけでは一方が原因となって他方を結果として引き起こされるとは言えない。たとえば、「玩具の売り上げ」と「気温の変化」には「気温が下がると売り上げが増える」という相関が見られる。しかし、気温が下がることが原因で売り上げが増えるはずがない。これは、クリスマスや正月に玩具を買うことが原因であり、たまたまその時に気温が下がるから関係が出てくるにすぎないのだ。

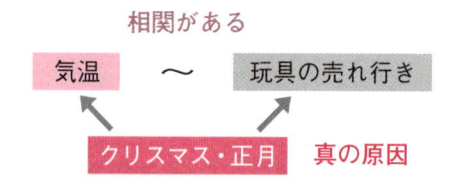

相関がある

気温　〜　玩具の売れ行き

クリスマス・正月　　真の原因

因果関係のモデルを確認

　だから、ここでもハイテク産業の衰退と科学・数学専攻の学生数の減少が関係があると指摘するだけでは十分ではなく、両者には確かに因果関係があるのだと示しておかなくてはならない。たとえば、下の因果関係のモデルを最初に確認して、そのとおりになっているはずだと示しておくとよいかもしれない。

科学・数学専攻の学生減少　▶　学生数≦労働需要　▶　労働力不足　▶　生産の停滞　▶　ハイテク産業の衰退

このうえで学生数減少のデータを示せば，確かに数の減少がハイテク産業の衰退を招くと納得させられるだろう。

Sample Answer 4-3

Reason: To make this argument you must show that the high-tech industries require a certain number of graduates, and that in the near future it will be difficult to meet that number.

Evidence: You can cite statistical evidence showing how many science and mathematics graduates are necessary for Japan's high-tech industries.

▼日本語訳

理由：この議論を進めるには，ハイテク産業が一定の数の大学卒の人員を必要とすることと，近い将来その数を満たすことが困難になるだろうということを示さねばならない。

証拠：日本のハイテク産業がどのくらいの数の科学または数学専攻の学生を必要とするか，統計的な証拠を示すことができるだろう。

4-4

▼日本語訳

死刑制度は廃止すべきである。

HINT

ある政策や法律は，どんな結果になれば，それを廃止すべきだと考えられるだろうか？　それを実施したときの困難か，それとも実施するときの危険だろうか？

理由から先に考える

この場合は，今までのExerciseと違って，特殊な事実についての判断ではなく，一般的な判断をすればよい。したがって，証拠を示すのではなく，むしろ理由のほうから考えるほうがわかりやすい。たとえば，死刑を実施することが，社会あるいは倫理に対して非常に悪い結果になってしまうというような論理的可能性を示すことができれば，それで十分な理由にはなるに違

いない。

　たとえば，無実の人が死刑になるという間違いがもし起こったらどうだろうか？　不正な裁きが行われたことになって，人々に不安を与えるのみならず，社会の倫理や道徳を守ろうという気持ちにも重大な悪影響を与えるだろう。しかも，死刑が執行されてしまった後では，いかに間違いだとわかっても，もう取り返しはつかない。救済されるべき人が死んでしまっているからだ。したがって，無実の人が死刑を宣告されるおそれがあると述べるだけでも，死刑を疑問視する十分な理由になるだろう。

　一方，証拠のほうは，冤罪であることが指摘されたにもかかわらず死刑にされた人，あるいは死刑にされた後になって無実だとわかった例などが少なくないというデータがあれば，それで十分だろう。そういうデータがあれば，もしかしたらそういうことが自分の身にも起こりかねないと読者は思うだろうし，死刑に対する疑問も深くなるだろう。

　実際，アメリカでは「サッコ＝ヴァンセッティ事件」「ローゼンバーグ事件」など，このような悲惨な例は少なくなく，それらを題材に映画も作られている。こういう映画が繰り返し作られているということは，いかにこういう間違いが多く，死刑の存続が社会正義を疑わせることになっているかの証拠である。

Sample Answer 4-4

Reason:　One reason might be that there is the danger that an innocent person might be sentenced to death.

Evidence: Give statistical data of how many executed individuals were later found innocent.

▼日本語訳

理由：理由の一つとして，無実の人が死刑を宣告されるおそれがあるといえるかもしれない。

証拠：処刑された人が後になって無実とわかったことが何回あったか，統計的データを挙げる。

4-5

▼日本語訳

Example 4-5を参照しなさい。2つ目の例（**Example 4-5** ❷ 125ページ）の本論の段落は未完成です。これらの段落を完成させなさい。

HINT

段落の最初の文を注意して読み，それぞれの段落がどうなるべきか，を決めなさい。

ポイントから細部の叙述へ

それぞれの段落の主要な内容は，冒頭の一文に予告されているのが原則である。後はそれに対応した細部detailをつけ加えれば段落は完成する。たとえば，**Example 4-5** ❷の第2段落は一文しか書いていない。段落は三文以上あるのが原則だから，当然未完成である。

> One fact ... is that history has seen many instances, especially during wars, in which one human being has sacrificed himself or herself for the sake of others.
> …事実の一つは，歴史においては，特に戦争時など，人間が他人のために自分自身を犠牲にするという行動がよく見られることである。

つまり，ここでは「人間は利己的ではない」という主張をサポートするために，事実を証拠として持ち出してくる方式をとっていることが予告されている。したがって，この後に続く内容は「戦争時などに見られる，他人のために自分自身を犠牲にする人間行動」の具体例と考えればよいだろう。たとえば，次のような例はどうだろうか？

> During battles it is not uncommon for one soldier to take a bullet for another. On a broader level, in every battle soldiers fight on behalf of others. Certainly this is sometime for the sake of one's immediate family, but also for the sake of others whom they may not know directly.
> 戦闘の最中に，一人の兵士が他の兵士をかばって（敵の）弾丸をわが

身に受けるということは珍しくない。さらにもっと広い意味でも，戦場において兵士は他者のために戦っている。自分の直近の家族のためだけでなく，自分たちが直接には知らないだれかのために戦っているのである。

「利己的ではない」という内容が，「他の兵士をかばって死ぬ」「家族のため・知らない人間のために戦う」兵士の具体的イメージに言い換えられている。

抽象／一般　　　　　　　　　　　具体例／細部
利己的ではない ▶ 他の兵士をかばう，家族・知らない人間のために戦う兵士

このような細部を第1文の後につなげれば，第1段落の内容は完成する。

演繹か帰納か？

第2段落も同じように細部を補充していく方法を取ればよい。冒頭の一文に注意すると，次のように書いてある。

> Biology, especially the theory of evolution, also supports the view ...because evolution often seems to favor groups containing members who sacrifice themselves for others.
>
> 生物学，特に進化論も…この見方を支持する。なぜなら，他者のために自己を犠牲にするメンバーを含む集団に対して，進化は有利に働くからである。

したがって，この後には生物学・進化論の知見が「他者のために自己を犠牲にするメンバーを含む集団に対して，進化は有利に働く」を支持していることを示せばよいだろう。この場合，2つの方法が考えられる。一つは生物学や進化論の基本原理から「他者のために自己を犠牲にするメンバーを含む集団に対して進化は有利に働く」という命題を導き出す演繹的方法deduction，もう一つは，データ・例示から証拠を見つける帰納的方法inductionである。

演繹 deduction　：基本原理から命題を導き出す
帰納 induction　：データ・例示から証拠を見つける

ここでは，inductionに基づいて，ダーウィンの観察というデータを証拠

として「利己的」でないことが進化に結びつくことを示し，さらに論理をつないで(deduction)，人間も進化の法則に従うのだから「人間は必ずしも利己的でない」という命題を導き出してみよう。前半が帰納，後半が演繹になっていることが理解できるだろうか？

> In fact, Darwin, who originally proposed the theory of evolution, observed that groups containing such individuals willing to sacrifice themselves for others are more likely to survive than those not possessing such individuals. Insofar, as we ourselves are the products of evolution, it is unlikely that we could have survived with only selfish instincts.
>
> 【日本語訳】
> 実際，進化論を最初に提唱したダーウィンは，他の個体のために自らを犠牲にするような個体を含む集団のほうが，そのような個体を含まない集団よりも（生存競争に）生き残りやすいことを観察している。私たち（人間）も進化の結果生まれたのだから，利己的な本能だけで生き残れるということはありそうにないことである。

Sample Answer 4-5

One fact that challenges the contention that human beings are inherently selfish is that history has seen many instances, especially during wars, when people sacrifice themselves for others. During battles it is not uncommon for one soldier to take a bullet for another. On a broader level, in every battle soldiers fight on behalf of others. Certainly this is sometimes for the sake of one's immediate family, but also for the sake of others whom they may not know directly.

Biology, especially the theory of evolution, also supports the view that human beings are not selfish because evolution often seems to favor groups containing members who sacrifice themselves for others. In fact, Darwin, who originally proposed the theory of evolution, observed that groups containing such individuals willing to sacrifice themselves for others are more likely to survive than those not possessing such individuals. Insofar, as we ourselves are the products of evolution, it is unlikely that we could have survived with only selfish instincts.

▼日本語訳

　人間は生来利己的であるという主張に疑いを抱かせる事実の一つは，歴史においては，特に戦争時など，人間が他人のために自分自身を犠牲にするという行動がよく見られることである。戦闘の最中に，一人の兵士が他の兵士をかばって（敵の）弾丸を我が身に受けるということは珍しくない。さらにもっと広い意味でも，戦場において兵士は他者のために戦っている。自分の直近の家族のためだけでなく，自分たちが直接には知らないだれかのために戦っているのである。

　生物学，特に進化論も人間は利己的ではないという見方を支持する。なぜなら，他者のために自己を犠牲にするメンバーを含む集団に対して，進化は有利に働くからである。実際，進化論を最初に提唱したダーウィンは，他の個体のために自らを犠牲にするような個体を含む集団のほうが，そのような個体を含まない集団よりも（生存競争に）生き残りやすいことを観察している。私たち（人間）も進化の結果生まれたのだから，利己的な本能だけで生き残れるということはありそうにないことである。

Review　確認したらチェックを入れよう

- [ ] 議論は**主張Claim＋理由Reason＋証拠Evidence**の3つからなる
- [ ] **理由Reason**はその主張が成り立つための一貫した理屈づけである
- [ ] **証拠Evidence**はその理屈づけが現実と対応することを示す部分で，実験・観察データや引用からなる
- [ ] **理由・証拠**は，解決・主張の信頼性を高め，読者が読んで納得することを目的とする
- [ ] 反対意見を否定・批判するには，その根拠（理由＋証拠）に対する不信をかき立てる
- [ ] 反対意見の一部を取り入れて，自己の意見の意見を修正する方法も有効である

Bookmark

❸ 接続詞は役に立つ！

■論理的文章には必須の役割

　文意が明確で論理的な文章を書くには，適切な接続表現を使えるかどうかが重要になります。これは，本によっては，転換語Transition Words・連結語句Linking Words and Phrasesなどと言われていますが，要するに日本語で言う接続詞・接続句のことです。これらの語句は文と文とのつなぎ方を明示して，文章の流れを保ち，思考内容を明確化するという重要な役目があります。

　日本語ではよく「接続詞をあまり使うべきではない」などという文章指南書もあるようですが，少なくとも論理的文章をめざそうとする限りは，このような教えはまったくの間違いです。むしろ，日本語でさえも接続詞を正確にかつ頻繁に使うことで，文章は明晰性Clarityをずっと増すことが知られています。接続の言葉が正確に使えるだけで，文章のレベルはぐっとUpするのです。

▼よく使う接続の言葉

意味・機能	接続詞・接続表現
逆接・対比	although, even though, however, nevertheless, nonetheless, in contrast, while, whereas, despite the fact that...
因果関係	because, since, therefore, thus, hence, consequently, as a result of..., due to...
言い換え	in other words, that is...
例示	for example, for instance, in such case, such as, in particular, in fact...
添加・付け加え	in addition, moreover, furthermore, further, likewise, similarly...
順序	first, second,..., the first reason, another reason, to begin with, on one hand ...on the other hand...

■よくある間違い

　英文ライティングの初心者は知っている接続詞のバリエーションが少ないため、つい一番単純な"And..."や"But..."ばかりの文章になりがちですが、このような接続は絶対に避けましょう。そもそも"And..."や"But..."は文頭には使えない、というのが常識になっています。逆接を表す場合には、"However""Nevertheless"などを用い、添加・付け加えを表すには、"In addition""Moreover"など意味が明確な接続詞を用いましょう。

　逆に初心者がうまく使えないのが、因果関係を表す接続詞です。"Therefore"や"Thus"などがそうですが、これらの接続詞がうまく使われていることは、それだけで論理がしっかりしていることをうかがわせます。それに対して、用いてはならないのが話題転換です。Essayでは基本的に一つの話題を追っていくので、"By the way""Anyway"の接続は使わなくてよいし、使うと内容・論理に一貫性がないとマイナス評価されてしまいます。

▼使うべきではない接続の言葉

意味・機能	接続詞・接続表現
逆接・対比	but（文頭），on the other hand（on one handを伴わない）
因果関係	so, then（意味が曖昧だから）
添加・追加	and/ also（文頭），besides
話題転換	by the way, anyway（意味が曖昧になるから）

■論と例の一致に気をつける

　もちろん、論理に対して具体例を出す"For example""In such case"などにも気をつけねばなりません。このような接続詞が出てきたときには、その前後でちゃんと意味が同じになっていることを確認しましょう。"For example"の前で政治のことを言い、後で家庭のことを述べるなどという不整合を犯してはいけません。これを「論と例の一致」と言って、例示の評価として大事なポイントです。

　最後に、論点を順序よく示すためには、"First""Second""Another"などの順序を表す表現を使うと整理がつきます。本書のSample Answerなどを見てみれば、これらの接続語・接続表現が多様に使われていますので、参考にして、自分でも試しに使ってみてください。

Chapter 5 結論の機能と表現

結論の書き方はだれでも迷いますが，その基本は，終わりであることを示す内容と表現です。そのうえで，自分の主張の有効性を強調するか，その限界を提示して公平さをアピールします。

A 結論の意味と機能
全体の終わりを表す内容と表現が必要になる

B 結論の基本型
時制の選択と補足の内容が重要である

C 結論の発展型
自説の限界をはっきりさせる結末もある

5 結論の機能と表現 Lecture

Section A 結論の意味と機能

今までは，序論・本論と，その構造を述べてきましたが，この章では**結論Conclusion**の構造とその書き方について，説明しましょう。結論部をどう書いたらいいのか，何を書いたらいいのかわからないと迷う人は，英文に限らず日本文を書く場合でもけっこういるようです。

こういう場合は，最初に論文は何を書く文章か，と問いかけたように，まず根本に戻って考え直すとよいでしょう。まず，結論とは文章全体に対してどんな役目を果たすのか？　これが明らかになってこそ，「結論をどう書けばいいのか？」という問いに答えられるはずです。「何？」がわからないのに，「どう？」に答えられるわけがありません。

> 終わりを表すには Reviewが必要である

言ってみると当たり前のことですが，**結論の第一の機能は文章が今まさに終わりにさしかかっていることを示す**ことです。では，「終わりである」とはどうしたらわかるのか？　もう新しいことが述べられていないということが基本です。つまり，「本文のreview」をして確認し，これで「終わりです」と宣言すればよいのです。

Reviewとは，読んで字のとおり，re-（もう一度），view（見る）ことを意味します。前に書いてあることが，もう一度述べられて読者に印象づけられればよいわけです。その意味で，新しい内容は必要ありません。**今まで述べたことが，最後で繰り返されることが基本**です。

よく英文ライティングでは，次のようなことが言われています。

「結論では新しい内容は言ってはいけない！」

これは文章論としてはやや単純化しすぎた感はありますが，間違いではありません。上に述べたreviewをするという意味を強い禁止の表現で表しているので，それなりのインパクトがあ

ります。つまり、今まで書いてきた内容を振り返り、その意味・意義を跡づけるのだから、基本的に新しい内容は出てこないし、出てきたら内容的には間違いだと主張しているわけですね。

要約の必要

ではreviewをするには、具体的にどうすればよいのでしょうか？ 一つには、今までの内容を簡潔にまとめておくことです。つまり、今まで長々と述べてきたことを簡潔にして繰り返す、つまり要約をするsummarizeということです。要約とは、筆者（この場合は自分ですが…）の言いたいことを抜き出してまとめる作業ですが、もちろん、今までの議論argumentをすべて抜き出して並べることはできません。大事なところだけを抜き出し、後は大胆にカット・削除する必要があります。

> 要約とはいらないところを削除することである

では、その大事なところとはどこを言うのでしょうか？ 前述したように、論理的文章の基本構造は「問題＋解決＋根拠」の形を取ります。ある問題について、自分なりの答えを出して、それをサポートする理由・説明・例示・対比・引用などを出してくるわけですね。

この場合の「一番大切なところ」とは、もちろん筆者の立場、つまり「どんな問題について、どんなふうに答えたか」＝「問題＋解決」の部分です。ここさえ書いてあれば、筆者（自分）の言いたいことのエッセンスは述べたことになるのです。それに対して、根拠の部分、たとえば理由・具体例・説明・引用・対比比較などの部分はあまり必要ありません。これらは前述したように、解決の正しさを保証する部分に過ぎないからです。

もっとも、スペースに余裕があれば、その解決に至った理由reasonや詳しい説明explanationの部分、つまり抽象的な叙述のところも入れておくことが許されます。そうすれば、「どんな問題について、どう答えたか」だけではなく、「どうしてその解決が妥当と思われるのか」について基本的な情報を提供したり、「その解決はどういう意味か」について情報を補足したりすることになるからです。しかし、具体例・引用・対比比較などの具体的なイメージ部分は必要ありません。むしろ、入れると文章が冗長だとみなされてしまいます。つまり、大切

> 基本情報はいるが具体的情報はいらない

なところとは問題と解決，それに理由と説明の一部ということなります。

Focus! まとめ・要約＝問題＋解決（＋理由／説明）

表現を変える

　気をつけるべきなのは，結論で要約する場合には，同じ内容を繰り返すところであっても，なるべく表現を変えたほうがよいということです。

繰り返すときでも表現は言い換えるのが原則

　これはEssayが散文であるということから来ています。散文は基本的に書き言葉ですので，一度書いた表現は二度は繰り返さないのが原則です。話した途端にぱっと消えてしまう話し言葉と違って書いてあることはずっと消えないので，確認したいときは前に戻って読み直すことができる。だから，，書き言葉では同じ表現を繰り返すのは無駄なのです。それどころか，そういう繰り返しがしばしば見られるということは，英語の表現能力の不足とみなされるおそれさえあります。

keywordsは繰り返す

　しかし，だからといって，言い換えさえすれば何でもよいというわけではありません。本論Bodyの中で使われていたkey wordsは逆に繰り返したほうがよい。なぜなら，Essayの内容がずっと同じことを扱っている，つまり一貫性を保っているということも，一方では示さねばならないからです。したがって，key wordsは繰り返しつつ，そのほかの表現はなるべく違うものに変える，という操作が結論では必要になってくるわけです。けっこう面倒な操作が必要なのですね。

Focus! 結論の表現＝key wordsは繰り返しつつ，そのほかの表現はなるべく言い換える

3文以上書かないと段落にならない

　もちろん，長さも気をつけねばなりません。原則的には必ず1段分の分量，つまり3文以上のパラグラフを書く必要があります。たとえば，「問題と解決の繰り返し＋理由（説明）の繰り返し」だけでは2文にしかならないので，そこにもう1文以上付け加える必要が出てきたりします。

問題と解決では1文にしかならない

> 問題と解決で2文になるのではないか，と思われそうですが，ほとんどの場合はそうなりません。結論部は短く書かねばならないので，問題にわざわざ1文割くということは普通ありえません。簡単に**Topic**だけを示して，解決を書くという形式が最もよく取られます。

補足の要素

では，上に述べた付け加えの要素としては，要約以外にどんなものが考えられるのでしょうか？　後で例文とともに詳しく説明しますが，とりあえず，ここではその概念を簡単に説明しておきましょう。

まず結論部には，補足的な内容を書くことが多い。これは，前で述べられていなかったことに言及するためです。論文はある程度の分量の制約がありますから（**TOEFL**では厳しい時間制限まであります！），どうしてもいくつか論じ足りなかったことが出てくる。これが結論の信用性を傷つける場合があります。こういう場合は，むしろ論じ残した事項を積極的に取り上げたほうがよいのです。

> 残された論点を提示したり，予測をしたりする

これには，いくつかのタイプが考えられます。たとえば，それまでの議論でカバーできなかった内容を取り上げ，これから起こるであろう**議論の焦点を提示する**という方法があります。さらに，それまでに得られた結論をもとにさまざまな**予測をする**，あるいはこれからの**可能性や継続を示す**という方法もあります。

TOEFLに限らず，論文**Essay**はすべて一定のスペースの中で書かれているので，最初に取り上げた問題の持つすべての論理的・実際的可能性を検討するというわけにはいかない。だから，自説の限界について後で批判されることをあらかじめ予測して，それをきちんと考慮に入れていることを明らかにする必要があります。限界を認めることは一見自説の弱みを認めているようですが，逆に言えば，筆者である自分が自説に不利な面を

含めて，よくよくその問題を吟味・思考していることを表しているアピールにもなるので，かえって説得力を高めることができるのです。

特に，根拠の部分で証拠として調査・実験などを持ち出す場合は，その実施方法によっては，確かめられないこと・検証できないものが必ず出てきます。そういう場合，自分の結論の妥当性を強く主張するだけでは，かえってその客観性・科学性を疑わせることになりかねません。むしろ，その証拠の限界を認めたり，将来の研究に課題として残された可能性をゆだねたりしたほうが，全体として論述が公平fairで説得的だという印象を与えることができます。こういう効果は，前にも述べた**Qualification**の技法と似ていますね。範囲を後退させることで，自陣を固く守る効率的な戦法とイメージすればよいでしょう。

> 論述がFairだという印象を与えればよい

Focus! 自説の限界を認める＝全体として論述が公平Fairだという好印象を与える

もちろん，自分の得た結論の有効性をさらに強くアピールするということもできます。ただし，これは単に繰り返したり，より強い表現にしたりするというだけでは不十分でしょう。むしろ，自分の得た結論の現実への応用を予測するなどの方法が有効です。たとえば，「この結論を使って，別の問題もこんなふうに解決ができるかもしれない」あるいは「ここから，このような展開も出てくるだろう」などと示すことができれば，得られた結論の実効性・妥当性を高めることにもなるでしょう。もちろん，これも十分に確かめるスペースはない場合が多いので（もし，スペースがあったら**Body**のところできちんと取り上げてもよいはずです），あっさりと書くにとどめ，その詳しい検証・確認は他の人にゆだねることになることが多いのです。次に補足の書き方の例をいくつか挙げておきますので，上に述べたどのタイプに当たるのか考えてみましょう。

> 他への応用を示唆する

Example 5-1

> 補足の例

a) If the argument I have outlined above is correct, it suggests that reduction in air pollution is more likely to come from advances in technology than economic measures.

b) One important reminder that emerges from this study is that the theories of sciences are always subject to revision.

c) Although this essay has argued that in teaching undergraduate physics it is a mistake to teach theoretical aspects of the subject in isolation from experimental aspects, a similar argument can also be made with regard to teaching undergraduate chemistry or biology.

> 日本語訳

a) もし，私の示した議論が正しいとしたなら，大気汚染の削減は経済的な方法よりも技術の進歩によって達成されると言えるだろう。
b) この研究から言えることとして重要なのは，科学の理論はいつでも改訂されるものだということである。
c) この論文では学部生に物理を教える場合，実験と切り離してその理論面を教えるのは間違いだと論じてきたが，同様のことは学部レベルでの化学や生物学についても言えるであろう。

> 限界を認める方法のほうが使いやすい

いずれにしても，**自分の出した結論で十分に議論されてこなかったことに触れて，その限界と可能性を提示する**という点では同じことです。その点で言えば，この２つの方法のうちでは，前者のほうがTOEFLではやや使いでがあると言えるかもしれません。なぜなら，自分の主張をさらに強めるのは新しい材料が必要な点で，なかなか難しいからです。逆に前者は予想できる反対意見に対して，少し自説を後退させて，確実な内容だけを確認するという戦略ですから，手持ちの材料で処理できる場合が多く，その分少し扱いがやさしくなる可能性が高いと思われるからです。

▼▲▼ Warm Up! 5-A 〈小問を解いてみよう〉 Let's try

1. State whether you agree or disagree with the statements below.

   a) Try to state new information in the conclusion, especially information that you did not put in the body of your paper.
   b) Always save the main point of your essay until the conclusion.
   c) Never repeat what you said in the body in your conclusion.

2. Write the first sentence of a concluding paragraph using the key phrases in the parentheses.

   Ex. (lowering of taxes, best way, upstart the economy)
   　This essay has argued that in the current circumstances the best way to upstart the economy is through the lowering of taxes.

   a) (to help prevent bullying in junior high schools, one effective way, reduce number of students per class)

   Let's try !

   b) (improve foreign language ability, most effective, study in a country where that language is used)

   c) (how well a product sells, depends more on the advertising and marketing of the product, quality of product)

   ▼解答は254ページ

Section B 結論の基本型

　ここまでは，結論の機能とその目的・内容について大ざっぱに説明してみましたが，これらの機能・目的・内容を果たすにはそれなりの具体的テクニックがあります。ここからは，実際の文例を見ながら，その特有の文体や書き方を説明していきましょう。

終わりを表すには特有の表現を使う

　まず，結論の内容は「文章の終わり」を示すものでなければならないのですが，それに従って表現面でも「終わりらしい表現」を使う必要が出てくる場合が多くなるでしょう。たとえば，**In summary, To conclude**などの語句は結論の冒頭部でよく使われます。これは「まとめると」「結局」などの意味ですから，これがあれば，少なくともこの段落は今までのまとめ・要約・結論を与えるところだということが読者に明示されます。その意味で，これらの表現を使って結論部を書くことが多くなるのは当然でしょう。

Example 5-2

終わりを示す文例

a) **In summary**, I have defended the view that the benefits of studying a foreign language in junior high far outweigh the costs.

b) **To conclude**, this paper has contended that one way that Japanese universities can induce their students to spend more time studying is by imposing more stringent graduation requirements.

（日本語訳）

a) 一言で言うと，中学校で外国語を学習するメリットはそのコストをはるかに上回る，という考えを私は主張してきたのである。

b) 結論的に言うと，この論文では，学生にもっと勉強させる方

法の一つとして，日本の大学がより厳しい卒業条件を課すことが有効であると論じてきた。

特別な表現を多用しなくても表せる

しかし，このような特別な表現を使わなくても，結論であることを内容的に示すことは可能ですし，むしろそのほうが望ましいとさえ言えます。たとえば，次の例文を見てみましょう。後での説明のポイントになるところがありますので，そこは赤字にしてあります。

Example 5-3

Point

▼1
I have argued that small classes provide a better learning environment for students than large classes. ▼2In particular, it was stressed that the former allows for discussion-based classes, enables quicker and more thorough mastery of course materials, and gains many positive marks in student course evaluations.

Qualification

▼3Of course, it is true that small classes alone do not guarantee that a student will learn the material presented in the course, but it is clear that, as a learning environment, small classes offer important advantages over large classes.

日本語訳

▼1私はこれまで，教育環境としては少人数クラスのほうが大人数クラスよりも良好であると論じてきた。▼2特に，前者ではクラスを討論セミナーの形にしやすいこと，より早く，徹底的に課題をマスターでき，成績評価でも高い点数を得られることを強調した。▼3確かに，少人数クラスであるというだけでは，学生がコースの中で与えられた課題を習得できるとは限らないが，それでも学習環境としては，少人数クラスのほうが大人数クラスより有益であるということは否定できないのである。

Tenseの選択

これは，Chapter3で挙げた**Exercise 3-1**（93ページ参照）に基づいて，その結論部分を書いてみたものです。ここでは，In summary, In conclusionなどの定型的な言い方は冒頭に使われていません。しかし，これが結論であることは最初の1，2文を読んだだけで問題なくわかるはずです。

> 時制の扱い方に注意する

なぜなら，時制Tenseの扱いがここではかなり特徴的だからです。この段落の冒頭の文を見てみましょう。

　　　I have argued…

このように現在完了形have arguedが用いられ，that以下のことが今まで述べられてきているということを明確に表しています。さらに，次の文は

　　　In particular, it was stressed that...

と過去形になっており，その論点が過去の記述のある一点に位置しているということを示しています。もちろん，In particularから考えて，これが前の文のやや詳しい言い換え，または特に論じてきた点であることは明らかです。つまり，この段落が今までのまとめの内容であることは，このような現在完了形や過去形というtenseの使用で暗示されているわけですね。

> 時制の扱い方次第で過去に書いた内容であることがわかる

つまり，**Example 5-2**のようにIn summary, To concludeなどの特定の表現を付けさえすれば結論らしくなるのではないのです。tenseの選択のしかたなどにも注意を払わねばなりません。日本語では，正確なtenseの表現がないので，こういうやり方にはなかなか注意が向かないのですが，英語のように時を表す表現がきちんとある言語においては，tenseの使い方次第で「過去に書いた内容を今繰り返しているのだ」というメッセージが伝わるのです。当然，結論部を書くときにも，それを有効に利用する必要があるのです。

Focus! 結論部に特有の時制や表現を利用する

結論としての内容

もちろん，"I have argued that…" や "it was stressed that…" の後の内容も重要です。前者の後は

> small classes provide a better learning environment for students than large classes

と解決・主張の概略が示され，後者の後では

> the former allows for discussion-based classes, enables quicker and more thorough mastery of course materials, and gains many positive marks in student course evaluations

とやや詳しい言い換え・説明が書かれています。これらは，**Exercise 3-1**の第1段落に書いてあったことの再確認です。つまり，いかにも結論らしくなる表現・時制が使われるとともに，解決の繰り返しの内容が含まれているわけです。

（特別な表現を書けばよいのではない）

だから，In summary, To concludeを書けば，結論になるという思い込みは，因果関係を取り違えた見方ということになります。むしろ，これらの表現を使ってもよいのは，その段落が結論としての内容を持っているとともに，時制などでもそれが表されている場合に限られます。

逆に言うと，内容や時制でいかにも結論らしくなっているから，In summary, To concludeなどの表現が自然に感じられるという構造になっているのです。これらの言葉を取ってしまうと本論Bodyと見分けがつかないようでは，むしろ結論の書き方としては失格だと言わねばならないでしょうね。

> 結論としての内容を持っているから，In summary, To concludeの表現が自然に見える

さらに言うと，要約・まとめであるという結論の性格に明らかに反するような表現は使えないと考えたほうがよいでしょ

う。たとえば，初学者の書いた文章では結論部分の冒頭に「そして」「また」「さらに」And, Moreover, In additionなどが使われることがよくあります。書くことに慣れていないと，最後のところまで来て，言い足りなかったことや言い忘れたことをなんとかして書いておきたいという気持ちになりがちです。だから，心理的に言うとこういう表現を使いたくなるのはわからなくもないのですが，これは基本的には間違いです。

> 結論部では付け加えの表現をむやみに使わない

なぜなら，これらの接続表現は日本語で言えば，「付け加え」「添加」の接続であり，今までになかった新しい内容を付け加える役目を担っているからです。上述のように，結論部はreviewの部分であり，その意味で今までまったく触れなかった新しい内容を付け加える，ということは基本的にあってはならないことです。したがって，And, Moreoverで始まる結論のparagraphなどありえないし，そんな文章は書いてはいけないということになります。それに，そもそもAndは段落や文の冒頭に使ってはいけないということは，英作文で習ったはずですよね。

💥 And, Moreoverで始まる結論のparagraphは書かない

要約と補足の実際

さて，上の例文で第1〜2文が要約であることはわかったとして，それ以降はどうなっているのでしょうか？　まず

Of course, it is true that...

> わざと強い表現を使って反対意見を予想する

と反対意見を予想する形が出ています。この形は前にQualificationのところでも説明しましたね。**Of course**という強い表現を使って，予想される反対意見を提示して，それを認めるなり否定するなりするという展開でした。ここでも，その形を使って反対意見を予想しているのですが，その後は否定するのではなく，

but it is clear that...

と逆接の接続詞を使って，

5 結論の機能と表現　Lecture

> as a learning environment, small classes offer important advantages over large classes

という自分の解決の正当性を繰り返しているわけです。これは相手が反対意見を述べることがわかっているのだけど，それでも"as a learning environment"という条件を付ければ自分の解決・主張は崩れないと主張していることになります。

対話としての議論

議論argumentとは，簡単に言えば対話conversationのようなものです。**自分の主張したいことについて，他の人がどのように反応するかをあらかじめ予測して，それに対処する言葉を用意しておく**。この用意のしかたが入念で行き届いていればいるほど，よい議論であると言えましょう。

<small>議論ではすみずみまで対話的関係が貫徹している</small>

だから，「…である」と断言した後には，「なぜ，そう言えるのか？」という読者からの反応を予測して，「なぜなら…からだ」と理由を用意しておく。また，「その理由はどういうことか？（あるいは，どれくらいそうなのか？ どのように証明されるのか？）」という疑問にあらかじめ答えるために説明を用意する。さらに「実際に，そんなことがあるのか？」という疑問を封じるために「たとえば…」と具体例を入れる，というようになります。

この結論部における「補足」もそういう対話的関係の一環と考えられます。論じ方が不十分ではないかという相手からの批判に答えて，「確かにそうかもしれない」と認める。これは，相手からの反応に対話している態度ですね。しかし，そのまま放っておいては自分の主張は批判に負けてしまう。だから，自分の正しさには変わりがないという結末にするわけです。これは相手に対応しているだけ誠実な議論と言えます。

つまり，**補足とは自説の不十分性を逆手に取って，相手と十分な対話を交わすことで，自分の議論の説得力を高めるテクニック**なのです。その意味で，こういう技術を理解して，それを自由自在に自分でも使えるようになれば，ライティングの評価は上がることは間違いありません。

Focus! 補足＝自説の不十分性を逆手に取って，自分の議論・結論の説得力を増すというテクニック

議論の評価

このようことを結論部で行うにはどうするか？　まず，自分の展開してきた議論が全体の文脈の中でどういう意義ないし意味を持つのか，を正確に測らなければなりません。これを議論の評価 limitation of argument と言います。

議論の位置付けを確認

読者が提出するであろうさまざまな批判・疑問に予想したあげく，それらの中で，自分の議論が持つ位置を確認するわけです。ここなら，

> small classes alone do not guarantee that the student will learn the material presented in the course

という当然予想されるべき反対意見や批判を自分が認識しているし，それは認めているということをまず示します。そのうえで，なお「自分の解決・主張は正しい」と言う。それをどうやって行うか？　まず自分の解決・主張は予想される反対意見のように

> 少人数クラスであるというだけで，学生がコースの中で与えられた課題を習得できる

と述べているわけではなくて，

> 少人数クラスであることが教育環境として有利である

ということを述べているに過ぎない。つまり，前の表現を使って日本語で言い換えると

> 少人数クラスであると，学生がコースの中で与えられた課題を習得できる可能性が高まる

5　結論の機能と表現　Lecture

ということを主張しているだけなのだ，と限界づけます。つまり，少人数クラスであれば必ず学生がコースの中で与えられた課題を習得できると主張しているわけではなく，単に少人数クラスであるほうが学生がコースの中で与えられた課題を習得しやすい環境になっている（＝教育環境として優れている）と述べているだけなのです。

反対意見の内容を吟味して自説を守る

　論理学の言葉で言うなら，「少人数クラスである」ということは「学生が課題を習得できる」ための十分条件ではなく，「学生が課題を習得できる」ための必要条件，あるいは「あったほうがよい」ぐらいの弱い条件に過ぎないと言っているわけですね。その範囲でなら，「自分の主張はまったく正しいじゃないか」と自己主張できる。これで自説の一貫性は保てているわけです。さらに言うと，ここにはもっと意地悪い仕掛けが隠されています。相手の反対意見が一見批判として正当であるように見えながら，実はちゃんとした内容になっておらず，自分の主張に対する誤解（より強い主張だと思っているわけですから）に基づいているという暗黙の反批判にもなっている。その意味で，相手の反対意見を弱くする効果にもなっているのです。

▼Example 5-3の構造

文番号	表現	機能	機能
1	I have argued that...	要約	少人数クラスのほうが大人数クラスよりもずっとよい教育環境になる
2	In particular, it was stressed that...	説明	クラスを討論セミナーの形にしやすい，より早く，より徹底的に課題をマスターできる
3前半	Of course, it is true that...	評価（限界付け）	少人数クラスであるだけで，学生がコースの中で与えられた課題を習得できるわけではない
3後半	but it is clear that...	再主張	学習環境としては，少人数クラスのほうが大人数クラスより有益である

どうでしょうか？ ちょっと複雑な説明になりましたが、理解できましたか？ これだけの短い結論の中でもよく読んでみると、相手からの批判を予想して、その中での自分の解決・主張の位置づけを明確にし、その正当性を確保するという複雑な戦略を取っていることがわかりますね。これが補足の中身というわけです。

TOEFLの場合の結論

しかし、もちろん、これまで述べたことはAcademic Writingのコンセプトに従って、理想的な場合を考えてみたのであって、TOEFLの場合はこれほど詳細に書く必要はないかもしれません。試験時間の短さもありますから、主に

> 1 前に述べた問題・解決を要約する
> 2 それに少しだけ補足する

この２つがとりあえずあれば、それでよしと考えねばならないでしょう。

言い回しを変える工夫

ただ、その場合に気をつけることは、１ではまったく前の解決と同じ表現ではなく、どこか言い回しを変えることです。これは、表現のバラエティを豊富に持っているということの証拠になりますから、英語能力のアピールにもなります。ただし、先にも述べたように、結論部では時制Tenseが変わりますから、自然に言い表し方も変わってくる、という面はあります。

一方、２の補足の内容は、詳しく書いてなくても実際は減点されるということは少ないと思います。制限時間の短さのことなども考えると、むしろ、書いてあって内容が妥当であれば加点される、という感じでしょうね。そういう意味では、要約・まとめさえきちんと書ければ、TOEFLのConclusionとしては悪くないとも言えるでしょう。

▼▲▼ **Warm Up！ 5-B** 〈小問を解いてみよう〉   Let's try

1. Which of the following sentences below are qualification sentences that might appear in a concluding paragraph? Give reasons for your assessment.

   a) Although I have argued that taxes must be increased to improve various social welfare programs, this is just my opinion.
   b) This essay has argued that parents should be able to choose which public school they want their children to attend, but it is also true that whether such an option can be exercised in practice depends on the number of schools and children in the given school district.
   c) I think that more hospitals should disclose their success rates in treating various diseases, but I think that in the end each hospital has to determine its own policy.

   Let's try！

2. Qualify the following claims.
   a) All politicians are corrupt.

   b) It is impossible that the analysis I have presented will become outdated.

c) Since the interpretation I have presented here is based on historical documents, it is not possible that my conclusion is wrong.

▼解答は255ページ

Section C 結論の発展型

「補足は必ずしも必要ない」とは言っても、書けるに越したことはありません。実際、思ったよりBodyの議論が早く終わってしまうなどという場合も少なくありません。そういうときは、Conclusionのところで少し単語数を稼ぎたいと思うこともあるでしょう。したがって、Conclusion＝今までの要約のみ、と決め込んでしまうのではなく、もう少し多くのバリエーションを知っていたほうが、いろいろなテーマの問題を解くときに便利だと思われます。

補足のパターンはいろいろある

そのためにも、ここでは今までの復習をしながら、Section Bで挙げた補足以外のパターンをさらに少し具体的に検討しておきましょう。次の例をご覧ください。前と同じように、説明に必要なポイントは赤字になっています。

Example 5-4

▼1 This study has argued that medicine A should be used instead of medicine B in the treatment of disease C. ▼2 As noted earlier, this conclusion is based on double-blind clinical trials on one thousand patients. ▼3 Although these clinical trials indicate that medicine A is more effective than medicine B in treating C, one question that remains open is whether treating the patient with a mixture of medicines A and B is more effective than treating the patient with either medicine alone.▼4 It is hoped that the results presented here will help stimulate further research to answer this question.

日本語訳

　▼1この研究ではC病の治療のためには，A薬がB薬の代わりに用いられるべきだと論じてきた。▼2前にも述べたように，この結論は1,000名の患者を使ったダブル・ブラインド医学調査に基づいている。▼3しかし，この調査（の結果）はA薬がB薬よりも効果的であることを示してはいるが，A薬とB薬の混合薬が薬を1つだけ使うよりも効果的ではないか，という疑問は未解決のまま残っている。▼4ここでの結果が，さらなる研究調査が行われる一助になることを期待したい。

Tenseの表現確認

　この例は，**Example 4-2**（114ページ参照）の結論部分です。ここでも，In summary, In conclusionなどの定型表現が冒頭に使われていないのがわかりますね。しかし，これが結論であることは最初の文の時制tenseの扱いを見ただけで明らかです。

This study has argued that...

時制の表現が効果的に使われている

　このように現在完了形has arguedが用いられ，that以下のことがもはや述べられていることを表します。さらに，次の文では"As noted earlier"と始まっており，ここから見ても前にこの内容の論述があることに注意を向けています。つまり，これが今までのまとめの内容であることが，このようなtenseや副詞句で暗示されているわけですね。だからこそ，次の"this conclusion is..."という結論を明示する言葉がすんなりと了解されるようになっている。

要約と補足の実際

前述したように，結論の内容もまず今までの議論のまとめ・要約になっていなければなりません。この文章でしたら，要約は次の部分になります。

> ...medicine A should be used instead of medicine B in the treatment of disease C.

繰り返しの内容になっている

この内容は，実は前にある **Example 4-2** の冒頭部分にもそっくり同じ形で書いてありました。その意味で，この結論部分は先に述べた内容の繰り返しになっているわけです。だから，新しい内容を書いてはいけない，という最初に述べた原則がここでも確認できるわけですね。

未来への方向性

さて，ここまでが要約だとして，もう一つの機能は次の部分に表れています。

> Although these clinical trials indicate that medicine A is more effective than medicine B in treating C, one question that remains open is whether treating the patient with a mixture of medicines A and B is more effective than treating the patient with either medicine alone.

Althoughという逆接の接続を使って，上の結論「C病の治療のためには，A薬がB薬の代わりに用いられるべきだ」という主張には限界があることを示しています。カンマの後で，その限界がどこにあるかに詳しく触れています。"...one question that remains open..."，つまり，「A薬とB薬の混合薬」がA薬・B薬のどちらか1つだけを使うよりも効果的かどうかはまだ確かめられていないので，openつまり最終的な結論がどうなるかわからない疑問となって残っていると述べるのです。

主張の限界を示すことで公平さをアピールする

　これは自分の結論の不十分さを認めていることになっており、前述した議論の評価の部分ですね。「まだ確かめられていない」と言うのですから、確かに議論として弱い。しかし、逆にそういう自説の限界をちゃんと認識しているという意味で、自分のFairnessのアピールになっているのです。

　しかし、もちろんこの疑問をそのままには放っておけない。そのままにしていたら、自分の言いたいことは一貫しない。だから、なんとかこの問題に片を付けて収拾しなければならない。どうするか？　Example 5-3（158ページ）では「それでも、ここだけは正しいんだぞ」という収め方をしていましたが、ここではそうではありません。

　It is hoped that the results presented here will help stimulate further research to answer this question.

　と、「この研究結果によって将来の研究が活性化されることの一助になることを望む」と自分ではないだれかがこの疑問を解決してくれることを期待しています。こういう形式は、学術論文で非常によく見られる形です。

▼**Example 5-4の構造**

文番号	表現	機能	内容
1	This study has argued that...	要約	C病の治療のためには、A薬がB薬の代わりに用いられるべきだ
2	As noted earlier...	方法説明	1,000名の患者を使ったダブル・ブラインド医学調査
3	Although...one question that remains open...	反対意見の予測	A薬とB薬の混合薬が薬を1つだけ使うよりも効果的ではないか、という疑問は未解決
4	It is hoped that... further research to answer this question.	将来への方向付け	さらなる研究調査が行われる一助になることを期待

より広い文脈での貢献

<small>どの方向で探求が進められるべきか</small>

　この場合，未解決の問題がそのまま残っていることは必ずしも欠陥ではありません。むしろ，将来における研究につながっていくことは，この実験結果resultsが一定の歴史的な役割を果たすことを示しています。その限りで，この結論は人類の知識や智恵がこれからどういう方向に向いていくべきかを指し示しています。

　前にEssayは対話だと言いましたが，結論部もそこで終わりではありません。むしろ，より大きな知のシステムの中に位置づけられてこそ，自分の主張に独自の意味が出てくるのです。他者＝読者はこの結果を既知のものとして，さらなる問題に取り組むときのステップにできる。その意味で，大げさに言えば人類の知に対して貢献できる。だから自説の限界を認めてその位置づけをきちんとし，残った問題については将来に期待するという態度は，十分な根拠も得られないのに自分の主張の正当性を強弁するより，読者にとっては利用価値が大きいのです。

Focus! 結論＝大きな文脈の中での自分の解決・主張を位置づける方法が有効である

5 結論の機能と表現 Exercise

Exercise 5-1

Write a conclusion to the essay on the importance of having good writing skills to succeed in graduate school.

■Exercise 3-2再掲

The ability to write well is among the most important skills a graduate student in the humanities or social sciences in the United States must master to succeed in graduate school and beyond. Graduate students in the humanities and social sciences are expected to write many high quality papers in order to receive the degree. Moreover, it is especially important for students hoping to pursue academic careers to publish papers in respected journals. It is not difficult to find evidence for the importance that graduate schools in the United States place upon the ability to write good academic papers. For example, one finds that syllabi for many graduate courses note that the student's final grade for a class is determined solely by the quality of single research paper of twenty to twenty-five pages.

HINT

Start your conclusion with a sentence that summarizes the main point you wanted to argue in your essay. Next, try to write one sentence restating your reasons as well. Also, try to include one sentence that qualifies your main point.

Exercise 5-2

Refer back to **Example 4-5**. The second of the two examples treated is an essay in which it is argued that human actions are not selfish. We asked you to complete the body paragraphs for that example at **Exercise 4-5**. Now write a conclusion for that paragraph.

■**Example 4-5, Exercise 4-5** 再掲

There are many different theories regarding what motivates human beings to act in the ways in that they do. One common view holds that all human actions are motivated by selfishness. I disagree with this view because there is biological and historical evidence that suggest suggests otherwise.

One fact that challenges the contention that human beings are inherently selfish is that history has seen many instances, especially during wars. During battles it is not uncommon for one soldier takes a bullet for another. On a broader level, in every battle soldiers fight on behalf of others. Certainly this is sometime for the sake of one1s immediate family, but also for the sake others whom they may not know directly.

Biology, especially the theory of evolution, also supports the view that human beings are not selfish because evolution often seems to favor groups containing members who sacrifice themselves for others. In fact, Darwin, who originally proposed the theory of evolution, observed that groups containing such individuals willing to sacrifice themselves for others are more likely to survive than those not possessing such individuals. Insofar, as we ourselves are the products of evolution, it is unlikely that we could have survived with only selfish instincts.

HINT

Be sure to restate the main point of each essay. Also, reiterate your supporting points.

Solution

Exercise 5-1

> ▼日本語訳
>
> 大学院で成功するためには書く能力がすぐれていることが重要であるという論文に対して結論を書きなさい。(論文の日本語訳は**Exercise 3-2**参照)
>
> HINT
>
> 結論部を始めるには、まず論文の中で論じているメイン・ポイントを要約する。それから理由を述べる1文を書く。さらに、メイン・ポイントに対して条件を付けてみよう。

結論の要素を確認する

練習のためなので、この章で説明した結論に必要な要素をすべて使うように心がけてみよう。

1. 結論部であることを示す特別な書き出し
2. 完了形の使用
3. 全体の再度の要約
4. 強調・説明する点
5. 反対意見を予想して条件を付けるQualification

などの方法が考えられるだろう。

まず、特別な書き出しとしては、In conclusion, To summarize, In summaryなどが考えられる。その後はI have defended the view that..., I have argued that..., This paper has contended that...などと完了形を使って続けることができる。一方、全体の要約は「よい論文を書く力はアメリカの大学院で成功するには必須の技術だ」というような内容になろう。強調・説明する点としては「学生の評価は論文（レポート）で決められる」などとすればよ

いだろう。

　もちろん，これだけでも結論の内容としては十分なのだが，まだ２文しかないので，１段落としては物足りない。そこでSectionCで説明したQualificationを付け加えよう。たとえば，「よい論文を書く能力」について述べたのだが，それに対する反対意見「その力だけで十分なのか？」を予想して，その批判をある程度認め，その後に「それでもよい論文を書く能力が不足していると大変だ」というような内容を付け加えれば十分だろう。

▼Conclusionの構成

文	機能	内容
1	要約	よい論文を書く力はアメリカの大学院で成功するには必須の技術だ
2	強調・説明	学生の評価は論文（レポート）で決められる
3	Qualification	確かにその力だけでは不十分→それでもよい論文を書く能力が欠けていると大変だ

Sample Answer 5-1

　　　In conclusion, I have argued that the ability to write well is a skill that one must master in order to succeed in graduate school in the United States. In particular, it is a necessary skill because graduate students are evaluated on the basis of their written work. Although it would be an exaggeration to claim that good writing skills alone will get one through graduate school, it is certainly true that without these skills one will almost certainly struggle.

▼日本語訳

　結論として言えるのは，よい論文を書く力はアメリカの大学院で成功するには必須の技術だということである。特に論文をもとにして大学院生が評価されるので，必要な技術なのである。確かに書く能力のみでうまくやっていけるというのは言い過ぎだが，それでもこれらの技術なしでは苦闘するのは目に見えているのである。

Exercise 5-2

▼日本語訳

Example 4-5を参照しなさい。2つの例の中で2番目のものは人間の行動が利己的ではないことを論じている。前に**Exercise 4-5**で，このBodyの段落を完成するという問題があった。今度はその完成した段落をもとにして，結論部分を書きなさい。（論文の日本語訳は**Example 4-5**，**Exercise 4-5**参照）

HINT

それぞれの議論の主張部分を必ずもう一度繰り返すこと。また，その根拠も反復すること。

アウトラインを利用する

結論は，今までの議論Argumentの集約になっている。つまり，Bodyの内容が凝縮されて短い形で入っているわけである。ただし，これは読者にとっての印象である。書き手のほうから考えると，議論Argumentを突然書き始めたわけではなく，その前に構成を考えて，だいたいの骨組みあるいはアウトラインをメモしているわけだ。

Exercise 4-5で言うなら，そのアウトラインは次のようなものだった。

▼例示と理論による反駁

例示：	個人が自分自身を犠牲にしてきたという歴史上の例，特に戦争
理論：	進化論＝他のために自分を犠牲にする集団は進化するのに有利だ
反対意見の予想：	人間の行動が利己性によってまったく動機づけられていないということがありえるのか？
批判：	そのようなことは主張していない

Bodyのエッセンスが結論

　この内容はBodyで議論したことのエッセンスだから，このまま結論の内容に転化することができるはずである。実際にここから結論を書くには，アウトラインの内容に結論特有の表現・接続を付けるだけでほぼ完成してしまう。英語をもとにして結論の構成を考えると次のようになるだろう。

▼Conclusionの構成

文	機能	接続・表現	内容
1	Claim Solution	In sum, In conclusion	All human actions are not motivated by selfishness.
2	Reason 1	In particular, One thing...	History has seen many instances... in which one human being has sacrificed himself or herself for the sake of others.
3	Reason 2	In addition, Also	The theory of evolution also supports the view that human beings are not selfish.
4	Qualification	Of course...but...	It is clearly a mistake to say that all human actions arise out of such a motive.

　後は，この内容を順に一文ずつ並べていけばよい。つまり，アウトラインが書いてありさえすれば，それをもとにしてConclusionは比較的簡単に書けるのである。

Sample Answer 5-2

　　　In sum, I have argued that not all human actions are motivated out of selfishness. In particular, I pointed out that throughout history there have been many instances in which one individual sacrificed himself or herself for the sake of others. In addition, I noted that the theory of evolution supports my position because evolution favors groups with individuals willing to sacrifice themselves for others. Of course, I do not mean to say that human actions are never motivated out of selfishness, but it is clearly a mistake to say that all human actions arise out of such a motive.

▼日本語訳
　結局,人間の行動は必ずしも利己性によって動機づけられていないと言える。特に,歴史においては一個人が自分自身を犠牲にしてきたという例がたくさんあることを指摘した。さらに,進化論の主張によれば,他の個体のために自分を犠牲にする集団は進化しやすいので,ここから見ても私の議論が正当であると述べてきた。もちろん,これは,人間の行動にはまったく利己的動機がないということを否定するわけではない。しかし,人間の行動が利己的動機だけで決定されると主張するのは,明らかにおかしいのだ。

Review　確認したらチェックを入れよう

- ☐ 結論は議論の終わりを指し示す内容と表現を持つ
- ☐ 結論の要素は,要約と補足である
- ☐ まとめ・要約は問題と解決でよい。理由・説明が付いてもよい
- ☐ 結論の表現では,key wordsは繰り返しつつ,そのほかの表現はなるべく言い換える
- ☐ 結論部に特有の時制や表現を利用する
- ☐ 自説の不十分性を認めることで,自分の議論・結論の説得力を増す
- ☐ 大きな文脈の中での自分の解決・主張を位置づける方法も有効である

Chapter 6 複合課題Task1の解法

Task1の問題はTask2とずいぶん違っているように見えますが,実は書かれ・話されている原理は同じで,Academic Writingの原理の応用です。この章では,その応用の勘所を解説します。

A 論文の主張の読み取り方
問題と解決を探して理解する

B 各段落の読み取り方
ポイントとサポートの関係に注目する

C 細部の読み取り方
メリハリの利いた読み方をする

6 複合課題Task1の解法　　　Lecture

Section A　論文の主張の読み取り方

さて，Chapter2からChapter5まではTask2（Independent Writing Task）の題材と答案をもとに英文Writing（実は日本語Writingの方法も同じなのですが…）の基本を述べてきたわけですが，このChapter6ではTask1（Integrated Writing Task）の考え方，解法について説明しましょう。

Task1問題の基本形

前にも説明したように，Task1はTEXTとLECTUREの2つの部分からなっています。まず，230〜300語程度のReadingがコンピュータ上に3分間表示され，それから大学教授風の人物が教室にいるイメージが現れ，2分ぐらいの講義の音声が流れます。その後に，「講義の内容を要約し，それが前のReadingとどのような関係にあるのか，説明せよ」などという質問が現れるのです。

Task1とTask 2の違い

これはTask2に求められていることとずいぶん違います。Task2においては，まず「人間の行動はすべて利己的である」というような命題Propositionが提示されて，それに対するAgree/Disagreeの立場を書く。あるいは2つの見解のうちどちらかを選んで自分の主張として書く。いずれにしろ，対立する2つの立場のうち，どちらか1つを選ばせて，その根拠を書かせるという作業になるわけですね。それに対して，Task1ではまずLECTUREの内容要約をして，それからTEXTとの関係を説明することを求められます。Task2のように命題に対して自分の立場を書くことを求められているわけではありません。

自分の意見・立場を書くのではない

このような違いは話題Topicを言うのか／立場を言うのか，あるいはdescriptiveに述べるか／normativeに述べるかの対立として理解すればわかりやすいと思います。descriptiveとは「記述的」という意味で，「…である」という事実の確認をする

のに対して，normativeとは「規範的」という意味で，「…すべきだ」とか「…のほうがよい」というように価値を主張することです。

> 価値判断をしない

つまり，Task1はTEXTとLECTUREが何を扱っていたか（話題）だけを述べ，自分としてはこちらのほうがよいなど価値判断しないので「記述的」なのに対して，Task2は命題に対して自分のよいと思う立場を主張するので「規範的」なのです。あるいは，Task1は「課題文はこのように書いてある／書いていない」と事実を確認する内容になるのに対して，Task2は「命題のように考えるべきである／考えるべきではない」と価値を判断するのです。英語で言うなら，前者がbe, be understood to be, take the form of...を使うのに対して，後者はshouldやoughtなどの形で書けます。

Task1	descriptive	話題・事実の確認
Task2	normative	立場・価値の判断

では，Task1とTask2は全然違ったやり方で解かなくてはならないのでしょうか？　必ずしもそうではありません。Task1でもTask2で使った方法はほとんどそのまま使えるのです。ただし，その適用のしかたが違うだけでなのです。

要約のしかた

> Academic Writingのやり方で書かれ・話されている

TEXTは大学で使われている教科書，LECTUREは大学の先生の講義にだいたい対応します。したがって，前者がAcademic Writingの方法で書かれているのは当然ですし，後者も口で話される言葉だとはいっても，日常会話とは違って単なる断片や連想の積み重ねでできているわけではありません。むしろ，書物と同じようなスタイルで話される言葉だと考えたほうがよいでしょう。したがって，両者ともにAcademic Writingの原則に従って書かれている，または話されていると考えてよいのです。

Academic Writingで書かれた文章の基本は何だったか，覚えていますか？　そう，「問題と解決」でしたね。書き手と読み手，あるいは話し手と聞き手の間で共有された問題について，書き手・話し手が自分なりの解決を付ける，という形式でした。

もちろん，その解決については，Task2の解答と同じく根拠を付けるわけです。

　このような形式に従うLECTUREを「要約し，それが前のReadingとどのような関係にあるのか，説明」するのがTask2の課題なのですが，どうすればよいのか？　まず要約とは，課題文の一番大切な部分を抜き出して整理したものです。その「一番大切なところ」とは，上のような構造を取る文章・話なら，当然，問題と解決Problem and Solutionの部分，つまりある謎についてどう答えたか，にあるでしょう。したがって，要約を作るということになれば，まず問題と解決の部分を探すのが基本になるわけですね。このように，Task1もAcademic Writingの構造に留意しなくてはならないのです。

> 要約は問題と解決の部分である

Focus! Task1もAcademic Writingの構造に留意して解く

問題の探し方

　では，そもそも問題はどうやって探すか？　問題は，基本的に緊張Tensionの形で提示されます。Tensionとは，疑問・対立・矛盾など「あれ，おかしいな」という反応を引き起こす形で書いてある部分です。

　疑問とは「？」など問いかけを示す文で書いてある場合，対立は"A claims that... In contrast, B maintains that..."などそれぞれ違った立場が書かれている場合，矛盾は"Although the theory tells that..., the data indicates otherwise."など頭の中で考えた理屈と事実・データが両立しない場合です。これらの事態が起こったときに，文章中にTensionが存在すると言われるわけです。たとえば，Chapter1の**Example 1-2**で扱ったLECTUREでは，この構造がハッキリと表れています。

> Tensionから問題を探していく

Example 1-2　再掲

●LECTURE
　The computer has changed our lives in so many ways, but like every invention it has its negative aspects.

> Tension

> Although many people stress the positive aspects of computers in high school education, my own research and experience have uncovered a number of important negative aspects related to the overuse of computers in high school education.

　この第1文を見てみましょう。真ん中に接続詞のbutが用いられていて，前半changed our lives in so many waysと後半has...its negative aspectsが分けられています。前半では「いろいろな意味で生活を変えた」と述べています。これは，コンピュータによる変化だから，その変化はだいたいよいものであろうという印象を受けます。

　しかし，後半ではその最初の印象を裏切るように「否定的な側面がある」とコンピュータの悪い点を紹介するわけです。まず，よい面を予想させておいて，その一方でマイナス面を指摘する。これなどはTensionの基本ですね。

Focus! 問題はTensionが存在するところである

　もちろん，これらのTensionが表面的には存在しない場合があります。たとえば，**Example 1-2**で使ったTEXTの第1段落をもう一度見てみましょう。

Example 1-2　再掲

●TEXT

Solution

　　The computer is one of the greatest inventions of the twentieth century. It has made our lives more convenient and efficient in many ways. One of the most important areas in which the computer has made a positive impact is on education, especially high school education. This section outlines some of the benefits of using computers in educating high school students.

ここでは，一見どこにも疑問・対立・矛盾などの形は出てきません。たとえば「コンピュータは本当に役に立つのか？」「コンピュータは20世紀最大の発明だという人もいるが，そうでない人もいる」などとは書いてありません。しかし，ここでは疑問文が隠れていると考えることができます。たとえば，次のような文を前ページTEXTの赤字の前に置いてみたらどうでしょう？

> **What benefit do we have in using computers in educating high school students?**
> 日本語訳
> 高校教育でコンピュータを使うことでどんな利益が得られるか？

疑問が隠れている場合に注意する

つまり，もとの文章では解決Solutionだけが述べられているのですが，その後を読めば「計算を速く行える」「ビジュアル化が簡単」「大学や職場でのコンピュータ使用に慣れる」などの利益が列挙されているので，上のような疑問文を仮に立てることができます。このように，表面的にはTensionの形が表れていないときでも，基本的には疑問・対立・矛盾などのなんらかのTensionの形に書き直すことができるのです。

解決の見つけ方

それに対して，解決のところはそのTensionを解消するように働きます。**Example 1-2**のLECTUREでは，第２文の赤字の部分を見てください。

> Although many people stress... my own research and experience have uncovered a number of important negative aspects...

ここでは，「たくさんの人々」の意見と対照して，「自分の研究と経験」を対置しています。自分の研究と経験ですから，それが自分が言いたい解決であることはすぐわかります。そこで「いろいろな否定的側面」がわかったというのですから，この

教授の解決は「コンピュータには利益というより，むしろマイナス面がある」という内容なのです。これは，肯定的か否定的かという対立のうちで，一方を選ぶという解決になっているわけですね。

他方，同じ**Example**のTEXTのほうでは，「どんな利益があるのか？」という先ほど考えた仮の疑問に対して，次のように答えています。

> This section outlines some of the benefits...

つまり，「…」以下のような利益があると，肯定的に答える立場になっているわけです。

解決の位置

解決がよく出てくる位置

これら2つに共通するのは，解決の書いてある位置です。どちらも，第1段落の終わり，つまりIntroductionの終わりに解決の内容が来ています。つまり，Introductionで話題を導入した後で問題を提起し（問題が隠れている場合もあるが），それに対して大ざっぱな解決をすぐ出しているわけです。これは，英文の論文での基本的な解決の位置です。したがって解決を探す場合は，まず第1段落の終わり，場合によっては第2段落の冒頭あたりを探せばよいでしょう。

もちろん，解決の位置は第1段落の終わりに限りません。最後の段落でも，結論として繰り返されるのが普通です。実際，**Example 1-2**のLECTUREの最終段落では次のように述べられています。

> In sum, ...I think that it must be used in moderation to prevent some of the negative aspects of its overuse that I have outlined here.

これは，第1段落の終わりにあった文章と同じ趣旨であることは，赤字の部分negative aspectsを相互に比較してみれば同じであることから理解できるだろうと思います。

> ...my own research and experience have uncovered a number of important **negative aspects** related to the **overuse** of computers in high school education.

したがって**解決を探すには，第1段落の終わりか，最後の段落の部分を探せばよい**ということになります。もちろん，TEXTと違ってLECTUREでは耳で聞くだけですから，paragraphの切れ目などはわからないことが多いでしょう。それに，終わってみなければそこが最後の部分だったかどうかさえもわからない。それでも，ちょっと息継ぎをしたり，声色を変えたりすることは考えられますから，こういうことを覚えておいて損はありません。

Focus! 解決は第1段落の末尾か最終段落にある場合が多い

特別な表現

<small>解決を暗示する表現に注目する</small>

もう一つ大切なのは，解決の部分には特別な表現がよく出てくるということです。結論部分では特別な表現が用いられる場合が多いことは前章でも説明しましたが，文章・講義の前のほうに出てくる解決でも，それなりの特別な表現は出てきます。先ほどの例をもう一度見てみましょう。

> ...**my own research and experience** have uncovered a number of important negative aspects...

> **This section outlines** some of the benefits of using computers in educating high school students.

もちろん，**I think, my research**などが出てくれば自分の意見・主張だということはだいたいわかるし，**outline**などという動詞が出てくれば全体のまとめをしているのだと判断できるでしょう。つまり解決を探すには，結局，出てくる位置に気をつけることと，特別な表現に注意することの2つが重要であることになります。

対比を作る

これらの問題と解決を抽出して，それらをつなぎ合わせたものが要約になります。今までの内容をまとめると，**TEXT**はコンピュータに対して肯定的な立場であるのに対して，**LECTURE**では否定的な立場なので，それぞれは次のように書くことができます。

> **TEXT**
> The text stresses the positive aspects of using computers in the high school classroom.
> （日本語訳）
> テクストでは，高校教育におけるコンピュータの使用は多くの利点があると述べる。
>
> **LECTURE**
> The lecturer highlights negative aspects of computers.
> （日本語訳）
> 教授は高校教育におけるコンピュータの否定面を強調する。

対比の接続でつなぐ

あとは，この2つを対比すればいいのですから，一番簡単には次のようにIn contrast「それに対して…」などでつなげば，要約は出来上がります。

Example 6-1

> The text stresses the positive aspects of using computers in the high school classroom. In contrast, the lecturer highlights negative aspects of computers.
> （日本語訳）
> テクストでは，高校教育におけるコンピュータの使用は多くの利点があると述べるのに対して，教授は高校教育におけるコンピュータの否定面を強調する。

しかし，これでは二文になってしまい，一文で2つの関係を表しているのではないので，段落全体の内容を一文で表すPoint Sentenceとしては向かないかもしれません。

ポイント・センテンスを作る

そこで，書き出しにふさわしいように2つの関係を一文で表すと，次のようにまとめることができます。ここでは，まずどんな話題Topicを扱っているかを示し，その話題の評価が両者で異なっている，という基本的な関係を述べています。

Example 6-2

> The two passages just presented, a written text and lecture by a professor, deal with the ways in which the introduction of computers has affected high school education. But, they disagree on its educational benefits.
>
> (日本語訳)
> 書かれたテクストと教授による講義は，双方ともコンピュータの導入が高校教育にどう影響するかを扱っている。しかし，それらはコンピュータの教育効果については違った見方を取っている。

あるいは，もっと細部を省略して，次のように始めてもよいでしょう。

Example 6-3

> This essay has summarized two different views regarding the use of computers in high school education.
>
> (日本語訳)
> この文章では高校教育におけるコンピュータの使用について，2つの違った見解をまとめた。

このようにすれば，two different viewsという表現で2つの

概略から詳述への流れ

違ったコンピュータに対する見方が示されているわけですから，後はこの2つのviewsがどういうふうに違っているのか，それぞれ一つずつ説明していくという進行になります。つまり，次の段落は次のようになります。

The text argues that.... In contrast, the lecture notes that...

などと始めて，「違った見方」が実際どのように違っているのか，と説明することができるでしょう。

Focus! Task1のIntroduction＝まず2つの関係の概略を提示してから，それぞれの内容を説明するという構造

▼▲▼ Warm Up！ 6-A 〈小問を解いてみよう〉 Let's try

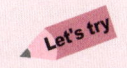

State whether each of the following is a descriptive or normative claim.
a) Professor Smith and Professor Thomas disagree on whether the university's curriculum reforms will produce students who are adequately prepared for graduate study.
b) In teaching physics to first-year students, homework problems should be assigned to test the students' understanding of the course material.
c) One ought to study Latin to improve one's English vocabulary.

▼解答は255ページ

Section B　各段落の読み取り方

　さてTask1を解く基本はSection Aで述べたとおりなのですが，これだけでは長さが足りません。たとえば，上の例でもTEXTがpositive aspectsを，LECTUREがnegative aspectsを論じているというだけでは十分ではなく，それぞれのaspectsがどういうもので，どう関係しているのか，その細目を書く必要があります。これを書くには，文章または話全体の「問題と解決」を探すだけではなく，各段落の内容にも注意する必要があります。

冒頭の一文の重要性

> 段落はポイントとサポートからなる

　英語の論理的文章における段落の書き方については，Chapter 3で述べました。段落はその全体の内容を予告するPoint (Topic) Sentenceとその細部を述べるSupporting Informationに分かれ，Point Sentenceは段落の冒頭に置かれるのが原則でした。したがって，段落の内容を大ざっぱに知るには冒頭の一文に注目すればよいのです。

　たとえば，上述のTEXTの例で第2段落を見てみましょう。

Example 1-2　TEXT 第2段落　再掲

> **Point**
> **Supporting Information**
>
> 　One positive effect of computers in high school education has been in fields that require various numerical and statistical computations. The powerful processing power of computers allows students to carry out quickly and accurately various computations. For example, when students conduct an experiment or a survey, they can analyze their accumulated data very quickly by using a computer.

　ここでは，第1文（赤字部分）がこの段落の主要な内容「（コンピュータの）有用な効果の一つは，数字や統計の計算を必要とする分野において見られる」を予告しています。第2文

は，それに対して「コンピュータの優れた計算能力のおかげで，生徒たちはさまざまな計算を速く正確に行えるようになった」と，有用な効果One positive effectの内容を，さまざまな計算を速く正確に行えるto carry out quickly and accurately various computationsと詳しく言い換えています。さらに第3文はFor exampleと実例まで出している。したがって，第1文だけを見れば，この段落で述べられている「有用な効果」が何であるかの概略は把握することができるわけです。

Focus! 各段落の冒頭の一文がその段落の主な内容である

どの段落も同じ構造

このような構造は，どの段落でも同じです。実際，上述の例の第3段落の第1文では

> **Another way computers have improved high school education is** through their ability to visualize information into charts and graphs.

と始まっていて，赤字部分を見れば，コンピュータが高校教育に与えたもう一つのよい影響について述べていることがわかります。
一方，第4段落の第1文は次のようになっています。

> **Finally, using computers in high school education has the important positive effect of** helping to prepare students for the use of computers at the university and the workplace.

ここも赤字部分を見れば，コンピュータが高校教育に与えた良い影響が列挙されていることがわかります。しかもここはFinallyと始まっているので，筆者が述べていることはこの3つ目で終わりであることもわかります。
このように段落の冒頭の一文に注目すると，この段落に述べ

段落冒頭の一文は全体の内容を予告する	られている内容が理解できるだけでなく，それが全体に対してどういう役割を果たしているかもわかります。この例で言うなら，高校教育に与えた3つのよい効果が一つずつ述べられるという構成になっていることがわかります。

▼全体の構成

機能	内容
問題	高校教育におけるコンピュータの使用の是非は？
解決	利点が多い
根拠（説明・例示）	1 計算が速くなる 2 ビジュアル化が簡単にできる 3 大学や職場でのコンピュータ使用に慣れる

このような構造はLECTUREについても似たような形で出ています。たとえば第2段落を見てみましょう。

Example 1-2 LECTURE 第2段落 再掲

> **[Point]** Computers are indeed excellent tools for analyzing data, but I have found that students often become too dependent on them. **[Supporting Information 1]** When students depend too much on computers for computational tasks they lose the ability to make calculations and estimates in their head. Moreover, I have found **[Supporting Information 2]** that students who always use computers for their calculations quickly become impatient when they are asked to do long calculations by hand.

ここでは，第1文は... indeed...but...と譲歩の構文で始まっています。もちろん，言いたいことの中心はbut以下I have found...にあります。その内容をWhen students depend...と詳しく説明し，Moreover, I have found that...とさらに論点を付け加えています。

一方，第3段落ではanother concernという表現を使って，

コンピュータ使用のマイナス面と思われることをもう一つ列挙します。

<blockquote>
Another concern with using computers in high school education is that...
</blockquote>

それに対して、第4段落では少し異なり、What about the argument that...と問題を疑問文の形で繰り返すだけでなく、It is important...but...とまた譲歩の構文を用いています。これらに対して、段落の真ん中当たりで自分の主張をnormativeである "should not be taught..." の形で述べています。

Example 1-2　LECTURE 第4段落　再掲

> **Topic**
> What about the argument that introducing high school students to computers makes them better prepared for their university studies and careers? It is important to train students how to use computers, but those
> **Point**
> skills should not be taught at the expense of skills such reading, writing, and calculating. In fact, these basic skills are essential for almost any task that the students will perform on a computer.

譲歩の構文の使い方と意義

つまり、TEXTで述べられたTopicに最初に一応触れておいて無視していないことを表明しつつ、おもむろにその内容をひっくり返すというやり方になっているのです。このように、問題を繰り返す、また譲歩の構文をわざわざ使うのは、LECTUREがTEXTで述べられたことに対して批判する視点に立つことを明示していると考えられます。

一方、LECTUREではTEXTでは書かれていなかった結論が最後に置かれています。これも「コンピュータは役に立つかもしれないけれど…」と譲歩しつつも、but以下で自分の主張「否定的側面をなくす形で使われるべきだ」を述べています。

In sum, I think that the computer can be an effective learning tool in high school education, but I think that it must be used in moderation to prevent some of the negative aspects of its overuse that I have outlined here.

以上説明したようなLECTUREとTEXTの関係については Chapter 1の31ページに出ていますので，参照してください。

Topic centeredとAuthor centered

さて，このようなTEXTとLECTUREの関係を示すには，これらの違いを並べて対比すればいいのですが，ここにはもう一つ問題があります。それは，対比の順番をどうすればよいかです。

> Topic centeredと Author centeredの違い

これには2つのやり方があります。Topic centeredとAuthor centeredの2つです。前者は一つのTopic，たとえば計算能力・ビジュアル化・将来のキャリアなどというそれぞれの論点ごとにTEXTとLECTUREの述べることを並べるという方式です。それに対して，後者はTextの特徴を全部並べて，その後にそれと対比してLECTUREの主張をまとめて並べるという方式です。

▼TEXTとLECTUREの関係

問題	（高校教育におけるコンピュータの使用の是非は？）		
解決 立場	TEXT 利点を強調する	⇔	LECTURE 欠点を主張する
根拠	1 計算が速くなる ↓ 2 ビジュアル化が簡単にできる ↓ 3 大学や職場でのコンピュータ使用に慣れる	⇔ ⇔ ⇔	1 *手で計算する能力が落ちる ↓ 2 *言語的な理解能力が低下する ↓ 3 *読み書き計算などの基礎的スキルのほうを重視すべき
結論	（コンピュータは有用）	⇔	欠点を是正して使用すべき

前ページの表で言えば，Topic centeredでは1を述べたら，それと対比して1*を述べる，次には2と対比して2*を述べるというように論点ごとに対比しつつ述べていく方式です。つまり，叙述は

(1 ⇔ 1*) → (2 ⇔ 2*) → (3 ⇔ 3*)
　対比　　　　対比　　　　対比

という順序で進行していくわけです。

それに対してAuthor centeredではTEXTの主張を1→2→3と続けて述べてから，LECTUREの主張を1*→2*→3*と述べ，間に対比の接続を入れるというスタイルです。つまり，

(1→2→3) ⇔ (1*→2*→3*)
　　　　　対比

と進行するわけですね（⇔はIn contrastなどの対比，→はIn additionなどの添加の接続を表す）。

Focus! 対比の2形式＝Topic centeredとAuthor centered

どちらを使うべきか？

この2つの方式は，実はどちらを使っても問題ありません。より明快だな，と皆さんが感じるほうでよいのです。Topic centeredは対立点がハッキリするという利点はありますが，論点が多くなってくるとややわずらわしいし，Author centeredは構造はシンプルですが，よほど注意しないと対立する内容をうまく対応させられなくなるという欠点があります。どちらも利点と欠点を持っているわけです。たとえば，Chapter 1のExerciseで示した解答はTopic centeredの形になっていますが，これをAuthor centeredで書き換えるのも簡単にできます。どちらでも整理がついていればそれでよいのです。

Chapter1の**Sample Answer** 第2段落以降で確認してみましょう。次のページの赤字を見れば，どの段落でも冒頭にconflict, disagreeなどが使われており，不一致点が強調されるとともに，TEXTとLECTUREが対になり，それらが対比の接続で結ばれています。これはTopic centeredになっているわけです。

場合によってどちらを使ってもよい

Example 6-4 Sample Answer1のScore 5 第2段落後　再掲

> Topic 1
>
> The text and professor conflict over the benefits of the computational power of computer. The former contends that computers are beneficial because they allow students to make large calculations in a short amount of time. The latter, however, notes that students who always use a computer to carry out their calculations fail to develop the ability to carry estimates in their head.
>
> Topic 2
>
> Moreover, the two disagree on whether visualizing information has improved high school education. The text stresses that computers are beneficial because they allow students to present information graphically. The professor contests this merit by noting that if information is always presented graphically, students fail to develop the ability to follow spoken and written arguments.
>
> Topic 3
>
> Finally, the two also disagree on the value of teaching computer skills as part of preparation for the students' lives after graduation. According to the text, teaching computer skills is important because computers are used widely in the university and the workplace. According to the professor, however, skills such as reading, writing, and calculating are more important than computer skills.

Authorごとに論点をまとめる

　今度は、これをAuthor centeredに書き換えてみましょう。この場合、Authorごとに論点をまとめるわけですから、まずTEXTの内容を列挙し、その次にLECTUREの内容を列挙していくという構造になります、両者の間は、対比の接続でつないでいくわけですね。

　次ページの赤字部分に着目すれば、TEXTの見解が添加の接続詞を使ってまとめて述べられ、次にLECTUREの見解が同じ論点の順番でまとめて述べられて、その2つがIn contrastとい

う言葉で対比されている構造ががよくわかると思います。

Example 6-5

TEXT

This essay has summarized two different views regarding the use of computers in high school education. One view, the view presented in the text, stressed the positive aspects of using computers in the high school classroom. In addition to helping students to make complicated numerical calculations and visualize data, using computers in high school helps prepare students for their later studies and careers.

LECTURE

In contrast, the lecture highlighted negative aspects of computers, especially its tendency to dull the calculating and reading skills of the student. Finally, the lecturer argued that use of computers at the high school level is often emphasized at the expense of teaching basic skills such as writing, reading, and calculating.

日本語訳

ここでは高校教育におけるコンピュータの使用について，2つの違った見解をまとめた。テクストの見解では，高校教育におけるコンピュータ使用の肯定面を強調している。コンピュータによる計算（の簡易化）・視覚化の可能性に加えて，コンピュータを使用することで，生徒たちは高校卒業後の学業や仕事に役立つという意味もあると言うのだ。それに対して，講義ではコンピュータのマイナス面，特に生徒の計算力や読解力を低下させるという傾向を強調する。結局，高校レベルでのコンピュータ使用を強調することは読み書き，計算などの基礎的な学力を犠牲にしてきたと論ずるのである。

論点の順序と表現

この方法でも，Task1のTEXTとLECTUREの比較・対比にはちゃんとなっていることがわかりますね？　ただし，このようなまとめ方で気をつけるべきことは，叙述の順序です。TEXTで触れている論点の順序とLECTUREで触れている順序がだいたい同じであるように気をつけてください。

Author centeredにすると，どうしてもTEXTとLECTUREの関連性が弱くなる傾向があります。この関連性を印象づけるには，それぞれの論点が対応しているのだという関係を強く印象づける必要があります。そのためには，TEXTの何とLECTUREの何が対応しているのか，ということが明快に示されなければなりません。そのためにも，論点が出てくる順序がまったく同じであるということが重要なのです。

Focus! Author centeredでは論点の順番を同じにする

▼▲▼ Warm Up！ 6-B 〈小問を解いてみよう〉 Let's try

Refer to **Example 6-5**. According to the author-centered summary, give an outline for author-centered version of the same essay.

HINT

Outlineの書き方については **Bookmark ❶**，72ページを参照せよ。

（解答用紙省略）

▼解答は255ページ

Section C 細部の読み取り方

今まで述べたことは必ず覚えておかなくてはならない原則ではありますが、実際のTOEFL Task 1ではこれ以外にも注意すべき細かな点があります。

Topicの確定

まずTopicは冒頭で示されるのですが、TOEFLではしばしばトリッキーな操作が行われます。たとえば、わざと複数のTopicらしきものに触れて、どれが真のTopicだかわかりにくいようにすることがよくあります。

トリック：話題を混乱させる

実際、Chapter1 の**Example 1-2** TEXTの冒頭は比較的わかりやすいのですが、それでもよく読まないとTopicを取り違える可能性があります。

Example 1-2　再掲

強調

> The computer is one of the greatest inventions of the twentieth century. It has made our lives more convenient and efficient in many ways. One of the most important areas in which the computer has made a positive impact is on education, especially high school education. This section outlines some of the benefits of using computers in educating high school students.

赤字はChapter 1でも触れたGeneral to Specificの形式のIntroductionのGeneralの部分ですが、これは単に次に出てくる「高校教育におけるコンピュータの教育効果」というTopicを導入するための内容に過ぎません。赤字部分をTopicと取り違えてしまうと、後の理解がずれてしまいます。ここでは"the most important"、"especially"などの強調の語句に注目して、どちらが本当のTopicなのかをつかむようにしなければなりません。

Focus! 複数出てきたトピックに惑わされず，最重要のトピックを見つける

この構造はLECTUREの第1段落でも同じ形で出てきます。冒頭の第1文はやはりGeneralの部分で，「コンピュータによるさまざまな分野における変化」を述べていますが，真のTopicはもちろんその次の文の「高校教育におけるコンピュータ使用」という，よりspecificな内容なのです。

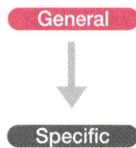

General
↓
Specific

The computer has changed our lives in so many ways, but like every invention it has its positive aspects and its negative aspects. Both of these aspects are also present in the use of the computers in high school education. Although many people stress the positive aspects of computers in high school education, my own research and experience have uncovered a number of important negative aspects related to the overuse of computers in high school education.

Actor/Subjectはだれか？

文章が複雑な場合は，「Actor/Subjectはだれか？」ということに注意を集中する必要があります。文章の基本はActionの形「何（だれ）が何する」になっているので関係代名詞や副詞句，形容詞句が付いて複雑になった文でも，「何（だれ）が」どんな行動Actionを取るかに還元するとわかりやすくなります。その意味で，文の基本的な要素は主語と動詞と考えればよいし，聞いたり読んだりするときでもその部分に注意を集中するべきでしょう。

Actorはだれかに注目する

たとえば上述の例の第3文 "Although many people stress the positive aspects..." のところでは主語はmany peopleという自分以外のActorです。こういう場合，many peopleの言うことはほぼ間違っていると判断してよいでしょう。なぜなら，Essayとは自分の意見を主張するのが大事だからです。自分以外の人の意見は基本的に間違いだから，自分が発言する意味が

ある。もちろん，自分の意見のバックアップのために他人の意見を利用するときもありますが，そのときは「アインシュタインも言うように…」というように権威づけるためですから，固有名詞を明らかにするはずです。

Focus! 複雑な文はActionの形に整理して理解する

特有の動詞にも気をつける

<small>否定の意味を持つ動詞にも注意する</small>

ただし，このように定式化するときには，動詞にも気をつけなければなりません。たとえば，reject, appears... but..., seems ...but...などの表現です。これらは形式的には肯定の形を取っていますが，意味的には，その直後に出てくる語句・内容を否定するので，「何（だれ）が何する」という形にしても重要な情報は得られません。むしろ，これらの表現が出てきたら，その文は重要な内容ではなく，次の文ないし次の段落に主なる内容が書いてあると判断できます。だから，これらの表現が出てきたら，軽く聞き流す，あるいは読み流して，次の文・段落に注意を集中すべきなのです。

<small>同じ内容を繰り返すのが基本</small>

前にも述べたように，Essayでは伝えたいメッセージはたった一つです。その一つを伝えようとして，手を変え品を変え，さまざまな言い換えをして読者・聴衆に納得させようとする。だから，一つの表現がわからなかったからといって不安になる必要はありません。論点が変わるまでは基本的に同じ内容を違う表現で言い直しているに過ぎないので，特にLECTUREのときなどは，一つぐらい聞き逃しても大勢に影響はありません。むしろ，上のreject, appears ... but..., seems... but...などの表現では「…ではない」と否定を暗示しているわけですので，積極的に聞き流して，あるいは読み飛ばして重要な情報に進まなければならないのです。

⚠ reject, appears... but..., seems... but...＝その直後を軽く聞き（読み）流して次の文・段落に集中する

その意味から言えば，Essayではすべての文が同じ重みを持っているわけではないので，無視すべき，あるいは軽視すべき

ところは積極的に無視・軽視して，重要なところだけに集中するという聴き方・読み方をして，理解を深めていく必要があるのです。

逆接の接続詞

接続詞にも気をつける必要がある

このような聴き方・読み方をする際の手がかりとしてもう一つ重要なのは，接続の言葉です。特にIn contrary, nevertheless, however, despite, but...などの逆接の接続詞（句）には注意が必要です。これらの言葉は不安定化要素とも言われ，それまでに述べたことの意義・意味を変換する役目を果たしているからです。

たとえば，先ほどの"Although many people stress the positive aspects of computers in high school education..."もその一つでしょう。"many people stress the positive aspects of computers"という表現は「たくさんの人が言っている」わけですから一見信用できそうな内容にも思えるのですが，ここではその前にAlthoughが付いていることで，むしろ信用できない内容であることを示しているわけです。Chapter 3で取り上げた例で，このことをもう少し詳しく見てみましょう。

Example 3-4　再掲

不安定化

> The speed with which scientific and technological advances in medicine take place is so rapid that hardly a day passes without news of some new discovery or treatment. Announcements of medical advances, however, are often greeted with two very different reactions. Some highlight each advance as yet another benefit conferred upon humanity through modern medicine, but others view each advance as opening up new moral and ethical problems.

この場合，"scientific and technological advances"という普通ならば歓迎すべき内容が最初に出てくるのですが，それが

howeverでひっくり返され，問題化・不安定化されています。ある人々Someの立場を述べながら，butという逆接でやはりひっくり返す。したがって，ここで読者・聴衆が理解すべき内容は"scientific and technological advances"が新たな倫理的問題を引き起こす"opening up new moral and ethical problems"の部分を主に理解すればよいので，他の部分はぼんやりした理解でもかまいません。

　実際，この文章ではその後"On the one hand..."と科学技術に肯定的な立場がデータを引用して，かなりのスペースを取って述べられていますが，この部分は真に重要な論点ではありません。むしろ，その次に出てくる"On the other hand..."以下の「科学技術の発達によって引き起こされた倫理的問題」が主なるテーマになって議論が進んでいくと予想されるはずです。

Focus! 逆接の接続詞・不安定化要素に注意する

メリハリの利いた読み方・聴き方を！

　このように，Task1ではすべての部分を均等に理解する必要はなく，むしろ理解が深いところとそうでもないところがあっていいという事情は，ReadingやListeningの負担を軽くします。なぜなら，先にも述べたように，読み飛ばしたり聞き逃したりしたところがあっても，それは何か別の形で繰り返されていることがわかったり，わからなくても差し支えない内容であると考えることができるからです。

　たとえば，for example, one example is..., for instance, one case is...などはたいてい具体例ですので，その中で使われている語句も具体的でわかりやすい表現が多くなっています。たとえば，前ページで挙げた**Example 3-4**の先の部分を見てみましょう。

Example 3-4　前ページの続き

On the other hand, it is also true that advances in modern science and technology have also opened up

> 強調
>
> serious moral and ethical dilemmas. **An example** that illustrates how technology created new dilemmas is cloning technology. **In particular**, many have spoken with caution regarding the possibility of applying this technology **to clone human beings**. This technology has led to whole series of questions that were unthinkable prior to its development. **For example**, should it ever be permitted **to clone a human being?** If so, under what circumstances should it be permitted? What kinds of problems does this technology pose for the concept of personal identity?

最初の文の"serious moral and ethical dilemmas"は抽象的でかなり意味がつかみにくい表現です。しかし，それは"An example... is cloning technology"という例でほぼ氷解します。しかも，"In particular... to clone human beings""For example...to clone a human being"と同じような表現が畳みかけられる。したがって，「人間をクローンする」という言葉さえ聞き取れれば，これが大変な問題だということは想像がつきます。

⚠ Exampleでも不安定化要素になる

> ただし，a counter example is...などという表現には注意しておく必要があります。これは反例ですから，不安定要素の一つです。今まで述べた一般的な命題・判断に対して，それに当てはまらない具体例を出して疑問や批判を提示する場合に使われます。こういう場合は，その反例がその後でどのような評価をされるか注意しないと，議論の方向を見誤るおそれがあります。

6 複合課題Task1の解法　Exercise

Exercise 6

Write an author-centered essay comparing the TEXT passage below to the professor's LECTURE also given below.

Summarize LECTURE and explain how it relates to passage from the TEXT.

●TEXT

What is science? What makes physics a science, but not poetry? Science has appears to have characteristics that are not shared by other disciplines, but what are they? The problem of determining what separates scientific disciplines from non-scientific disciplines is called the demarcation problem. This is because it is concerned with stating characteristics that demarcate, or distinguish, a science from a non-science. This section presents some aspects of science that demarcate it from other disciplines.

One important aspect of the sciences is that they make predictions that can be tested through experiments or observations. This, however, is not an important aspect of most discipline that are not thought be sciences. This difference arises because scientists are concerned with how well theories describe actual physical or biological phenomena. Even many abstract theories, such as Einstein's theory of relativity, make definite predictions that can be tested. In short, a discipline that does not make predictions that can be tested through experiments or observations cannot be called a science.

Another defining aspect of the sciences is that they attempt to establish laws, especially laws that can be expressed in quantitative terms, such as through a mathematical equation. Many fields outside of the sciences, however, do not share this concern. For example, physicists, those who study physics, are very much concerned with expressing the physical world in terms of mathematical equations, but almost no one who studies literature is concerned with expressing some aspect of a work of literature in terms of a mathematical equation.

Finally, the sciences can be distinguished from other disciplines by the importance that the sciences place on being able to reproduce results. In the sciences, it is expected that experimental results obtained by one individual can be reproduced by any other individual if they both follow the same procedures. Scientists value reproducibility because science seeks to make claims that are universal. In other words, science values results that are not dependent who conducts the experiment. In contrast, in many other disciplines, for instance, music and art, it is precisely the difference in the work of one artist or another that is valued.

● LECTURE

Most people would say that physics is a science. Similarly, most people would say that study of literature is not a science. It may be easy to state if a discipline is a science, but it is much more difficult to state what makes a discipline a science. Some attempts have been made to state the defining characteristics of scientific discipline. I want to argue that many characteristics often used to distinguish science from other disciplines are inaccurate and misleading.

It is often said that sciences are concerned with making statements can be tested through experiment or observation. This is certainly true for sciences such as physics, chemistry, and biology, but it is true of other sciences? Consider astronomy. In astronomy there are some theories concerning objects that are just too far away from the Earth to be observed using existing technologies. In such case, it is not possible to test the theory by observation. In fact, there are even highly mathematical areas of physics, such as string theory, in which there are currently no experiments that can test the theory. Although astronomy and superstring theory have theories that cannot be tested by observation or experiments, many people continue to consider them sciences.

Many people also try to demarcate the sciences from other disciplines by suggesting that the sciences focus on searching for laws, especially laws that can be expressed as a mathematical equation. This is also a highly misleading view of science. Just earlier I noted that chemistry and biology are usually considered as sciences by many people, but both these sciences consist of many subfields that are not concerned with searching for laws that can be expressed mathematically. For instance, paleontology, a subfield of biology that studies fossil records, is more concerned with looking for differences and similarities between different fossils than searching for some underlying mathematical order.

Science is thought to differ from other disciplines because it places emphasis on reproducing observations and results. In practice, however, few scientists spend time reproducing another scientist's results. In fact, many scientists try to produce new results by doing experiments that are different from other scientists. These scientists aim at obtaining new results in order to produce original ideas that challenge existing theories. Though reproducibility is important to science, in practice many scientists spend more time attempting to produce original results than reproducing the results and observations of others.

＊注　TEXT，LECTUREとも，トレーニングのために実際のTOEFLテストより長めにしている。

HINT

In constructing your essay, be sure to include the key points made in the TEXT and by the LECTURE.

（解答用紙省略）

Solution

Exercise 6

▼ 日本語訳

下のテクストと教授による講義を author-centered の形式で比較せよ。
講義の内容を要約し、それがテクストとどのような関係にあるのか、説明せよ。

● テクスト

科学とは何だろう？　なぜ物理学は科学であって詩ではないのだろうか？　科学は他の学問とは違った性格を持っているように見える。しかし、それは何だろうか？　科学的な学問と科学的でない学問をどうやって区別するかという問題は、境界問題と言われている。これは、科学を科学でないものから境界づける、つまり区別する性質をどのように述べるかということにかかわっているからだ。この節では、他の学問から科学を境界づけるいくつかのポイントについて述べたい。

科学の一つの重要なポイントは、科学が実験や観察によって確かめられるような予測をするということにある。しかし、これは科学とは考えられない他の学問については重要なポイントではない。このような違いは、科学者が（自分たちの）理論が実際の物理的あるいは生物的な現象とどのくらい適合しているのかをいつも気にしているせいである。アインシュタインの相対性理論のような抽象的な理論であっても、その多くは検証可能な一定の予測を行っている。つまり、実験や観察によって検証されるような予測を行わない学問は、そもそも科学とは呼べないのである。

科学を定義するもう一つのポイントは、科学は法則、特に数学の方程式などを使って量的な関係項で表されるような法則を打ち立てようとすることである。しかし、科学以外の多くの分野ではこのような関心は薄い。たとえば、物理学を研究する者、つまり物理学者は物理的世界を数学の方程式で表そうと苦心惨憺するが、文学研究者はだれも文学作品のある側面を数学の方程式で表そうなどとは思わないであろう。

最後に、科学を他の学問から区別するのは、実験結果を反復して再現できるということに与えられる重要性である。科学においては、一人の個人によって得ら

れた実験の実験結果は，同じ手続きをたどりさえすれば，だれでも再現可能であるということが期待される。科学者たちは再現可能性を高く評価する。なぜなら，科学は普遍的であることを主張するからである。別な言葉で言えば，科学ではだれがその実験を行うか，によらない実験結果を評価するのである。それに対して，他の多くの学問では，たとえば音楽や美術では，一人の芸術家と他の芸術家の作品の違いが評価されるのである。

●講義

多くの人は物理学は科学だという。同様に，多くの人は文学研究は科学ではないという。ある学問が科学であるかどうかをいうのは簡単なようだが，何がある学問を科学にするのかを述べるのはかなり困難である。これまで何人かが科学的な学問の特徴を定義しようと試みてきた。私は，科学を他の学問から区別するためにしばしば使われる特徴は不正確だし，誤解を招くものだということを話したいと思う。

（たとえば）科学にとっては実験や観察で確かめられることを述べることが重要だとしばしば言われる。これは確かに物理学や化学，生物学のような科学には当てはまる。しかし，他の科学ではどうだろうか？　天文学を考えてみよう。天文学では現在ある技術を使っては観測できないほど地球から遠い天体に関係する理論がいくつかある。このような場合では，その理論を観測によって確かめることはできない。実際，物理学の高度に数学的な分野，たとえば超ひも理論などでは，理論を確かめられるような実験は今のところ存在しない。天文学や超ひも理論は観測や実験によって検証できない理論なのに，これらの理論は科学だと一般には考えられている。

多くの人はまた，科学は法則を，特に数学の方程式などで表されるような法則を追求することに一生懸命になる点で，他の学問と区別されるという。（しかし）これもまた科学について誤解を招く見方である。前述したように，化学と生物学は普通科学だと見なされている。しかしながら，どちらの科学も数学的に表される法則の探求とは無関係な分野がたくさんある。たとえば，生物学の一分野である古生物学は化石を研究するのだが，数学的な秩序よりも化石と化石の間における相違と類似を追求することにずっと関心がある。

（さらに）科学は他の学問とは観察や実験結果の再現性を重視する点で違っていると考えられている。しかし，実際には他の科学者が得た実験結果をわざわざ追試する科学者はほとんどいない。事実は，多くの科学者は他の科学者とは違った実験法で新しい実験結果を得ようとする。これらの科学者は今までの理論をひっ

くり返すような独創的な考えを構築するために，新しい実験結果を得るということを目的とするのである。確かに再現性は科学にとって大事ではあるが，現場では多くの科学者は他人の実験結果や観測を再現するよりは，まったく新しい実験結果を作り出すことにより多くの時間を割いているのである。

> HINT
> 文章を構成する際には，テクストと講義の要点を必ず入れること。

テクストを要約する

まず問題は疑問の形で与えられているから読み取るのは簡単だろう。しかし，ここもGeneral to Specificの順番になっていることに注意する。「科学とは何だろう？ なぜ物理学は科学であって詩ではないのだろうか？」という疑問はメインの問題ではない。むしろ，第1段落の終わりの「他の学問から科学を境界づけるいくつかのポイント（とは何か？）」を全体の問題として選ぶべきである。

これらのポイントは，1つずつ段落を使って個別に述べられている。段落の数は3つなので，当然ポイントは3つになる。それぞれの内容は段落の冒頭に"One..." "Another..." "Finally..."とポイント・センテンスの形で書いてあるので，そこに注目すれば要約するには十分である。各段落の第2文以下に書いてあるのは，説明・例示などの細部であるから，とりあえず読み飛ばしてかまわない。字数が足りないときにのみ，その要素を入れればよいだろう。各段落のポイントは次のようにまとめられる。

▼各段落のポイント

段落	内容
2	実験や観察によって確かめられるような予測をする
3	数学の方程式で表されるような法則を打ち立てる
4	実験結果を再現できることが重要と評価されている

講義を要約する

講義のほうも同様に考えればよい。もし，テクストの読み取りができてい

れば，講義はテクストに対してなんらかの批判をすると予想してもよいだろう。しかし，そんな予断をしなくても，"I want to argue..."から始まる第1段落の終わりの文を見れば，「科学を他の学問から区別するためにしばしば使われる特徴は不正確だし，誤解を招く」という講義の主張は明らかである。

ここはListeningのところだから，TEXTのように，段落の冒頭の一文に注目するというわけにはいかない。しかし，テクストに対する批判だと判断されるから，おそらくテクストで言われていた内容を繰り返し，それに対していちいち反論を試みるという構造をしているのだと予想できる。つまり，テクストの3つのポイントを取り上げ，一つ一つ例や説明を使って否定していくのだ。段落の切れ目はテクストのように目に見えないが，この**繰り返しが出てくることでだいたい判断できる**だろう。

特に，テクストは「科学は他の学問とここが違う」と一般論を述べているので，講義ではそれに対する具体的な反例counter exampleを挙げれば，テクストの議論を否定するのには十分なので，おそらくそうしているはずだ。もちろん，論点のすべてに批判的というわけではないが，少なくともそのいくつかは確実に否定されるはずだ。

▼各段落の詳しい構造

段落	内容
1	科学を他の学問から区別するためにしばしば使われる特徴は不正確だし，誤解を招く
2	実験や観察によって確かめられるような予測をする→（反例）天文学や超ひも理論は観測や実験によって検証できない
3	数学の方程式で表されるような法則を打ち立てる→（反例）数学的に表される法則の探求とは無関係な分野がある，古生物学
4	実験結果を再現できることが重要と評価される→（反例）実際には他の科学者が得た実験結果を追試する科学者はほとんどいない

対比の構造を作る

これらの内容を対比の接続を使って並べて書いていけば，それでとりあえず解答は出来上がる。対比のそれぞれの項目を書いていく順番は，前述したようにTopic centeredとAuthor centeredの2つが考えられる。前者は論点ごとにまとめて書く方法，後者は論者ごとにまとめる方法である。

たとえば、下の表で（1⇔1*）→（2⇔2*）→（3⇔3*）と進行すればTopic centeredだし、（1→2→3）⇔（1*→2*→3*）と進行すればAuthor centeredになるはずである。

段落	テクスト		講義
1	他の学問から科学を区別するものは何か？	⇔	科学を他の学問から区別するために使われる特徴は不正確だし誤解を招く
2	1 実験や観察によって確かめられるような予測をする ↓	⇔	1* 天文学や超ひも理論は観測や実験では検証できない ↓
3	2 数学の方程式で表されるような法則を打ち立てる ↓	⇔	2* 数学的に表される法則の探求とは無関係な分野がある（たとえば古生物学） ↓
4	3 実験結果を再現できることが重要と評価されている	⇔	3* 実際には他の科学者が得た実験結果を追試する科学者はほとんどいない

Sample Answer 6

    The reading passage and lecture just presented are both concerned with determining what it means for something to be a science. The passage and lecture each make three points, but the two works disagree whether any of the three points can be used to demarcate a science from a non-science.
    According to the reading passage, sciences are distinguished from non-sciences by their emphasis on making and testing predictions, formulating laws, and insisting on the reproducibility of results. The first of these is concerned with science's character of making predictions and testing them. The second point made in the text is that a concern and desire to search for laws characterizes many sciences. The third point made was that sciences are distinct from other types of disciplines in that they insist that any results be reproducible.

The lecture, however, argues that each of the three points mentioned above are problematic as criterion to demarcate sciences from non-sciences. Regarding the first point, the professor argues that in some areas of science, such as string theory, no testable predictions have been made. The lecture goes on to note that it is also a mistake to claim that sciences are disciplines that are characterized by a search for laws. More specifically, he notes many areas of chemistry and biology are not guided by a search for laws. Finally, the professor contends that it is problematic to differentiate the sciences from non-sciences on the basis of the former's demand for the reproducibility of results. In particular, he undercut the importance of this demand by noting scientist rarely spend time reproducing each other's results.

▼日本語訳

　テクストと講義は双方ともに，ある学問が科学であるという意味をどう決定したらいいかを論じている。テクストと講義はそれぞれ3つの論点を挙げているが，これらが科学と非科学を区切るものとして使えるかどうかについて，両者は3点のすべてにおいて，まったく意見を異にしている。

　テクストによれば，検証可能な予測をする，法則を打ち立てる，実験結果を再現できることが重要とされているなどの点で科学と非科学は区別できると主張する。最初の点は，予測をし，それを検証するという科学の性格にかかわっている。第二の点は，法則を探すという関心と欲望が科学の多くを特徴づけるということである。第三の点は，科学が他の学問と異なるのは，科学における結果は再生・検証可能だと主張する点にあることである。

　しかしながら講義では，上に挙げた3つの論点は科学と非科学を区別する基準としては問題があると論ずる。第一の点では，科学のある分野，たとえば超ひも理論では検証可能な予測など行われてこなかったと言う。さらに，科学が法則を探求する学問だと性格づけることも間違いだ。たとえば，化学や生物学では法則の探求はそれほど重要視されていない。最後に，科学の結果は再生・検証可能でなければならないということを根拠に，科学を非科学から区別するのも問題が大きい。特に，科学者は互いの結果を検証することに時間をかけることはまれであるという事実を指摘して，この再生・検証可能性への要求は意味がないと批判するのである。

Review 確認したらチェックを入れよう

- [ ] **Task1**は話題を書く・事実の確認を書く
- [ ] **Task1**も**Academic Writing**の構造に留意して解く
- [ ] **問題**は**Tension**が存在するところ＋解決は第1段落の末尾が多い
- [ ] 関係の概略を提示してから対立の細部を詳述する
- [ ] 各段落の冒頭の一文がその段落の主な内容である
- [ ] 対比の2形式＝**Topic centered**と**Author centered**
- [ ] 複雑な文は**Action**の形に整理して理解する
- [ ] 逆接の接続・不安定化要素に注意する

Bookmark

❹ メモの取り方

　Task1では，ReadingおよびListeningの時間内にもメモを取ることが許されているので，その機会を有効に使うことが重要です。ただし，その際に，やみくもに多くを書いてもあまり役には立ちません。細部にこだわってしまうことで全体理解がかえって妨げられることもあるのです。

　全体の構成を考えてメモを取ることが重要です。Reading部分でもListening部分でも，その構造はほとんどTask2と同じと考えられますので，Introduction →Body→（Conclusion）のOutlineを考えてメモを取る必要があるのです。そうすれば，自分のメモしている内容が全体のどこに位置するのか，を意識することができるでしょう。

　特にIntroductionでは全体の内容の予告をするのですが，ここはどうしても抽象的な表現が多くなるので，やや単語が難しくなり，Listeningでは何を言っているのかわからず，内容を聞き逃してしまうことも多いと思います。しかし，この内容はBodyの冒頭で必ず繰り返され，さらにSupporting Informationの部分で詳しく具体的に言い換えられることになります。

　論理的文章の基本は言い換えであるということは，本文でも詳しく説明しましたよね。ですから，1か所で意味がわからなかったとしても，まったく心配はいりません。直後あるいは一，二文待っていれば，必ず似たような意味を持つ文が出てきます。メッセージは少なくとも一つのparagraphの中では変わりません。その中で理解できる一文があればいいのです。

　メモはなるべく簡潔にします。したがって，一文を完全に書く必要はなく，キーワードあるいはその頭文字などをメモしておけばよいでしょう。日本語でメモしても問題はありません。それらの情報をアウトラインで書いたような構造に当てはめて，全体として何を述べているのかを推理していきましょう。

❺ TOEFL iBT受験体験記

■1 訓練しないと絶対に時間が足りない！

　僕が通学していたのは英語教育が盛んな大学だったので，特別にTOEFL用の受験準備は行いませんでした。英語そのものには比較的自信があったので，それで大丈夫だと思ったのですが，実際に受けてみるとかなり難しいと感じてしまいました。

　まず，リーディングでもライティングでも読む量が多すぎて時間が足りず，スピーキングでは短時間のうちに考えがまとめられないままにしゃべり出さければならなくなり，慌ててしまいました。一方，ライティングでも**Task 1**で**20分**，**Task2**で**30分**という制限時間があっと言う間に経ってしまい，満足できる内容が書けたという状態にはほど遠い感じでした。

　これは，相当訓練して，慣れた作業をするというレベルにならないと，制限時間内での高得点はとても望めないなと思いました。近いうちにもう一度受けるつもりですが，どのセクションでも十分な対策が不可欠だと思います。

■2 まず日本語の論文構成の基本を身につけよう！

　私の場合はどちらかというと書くのは得意だと思っていました。実際に問題を見ても，言いたい内容ははっきりしていたし，これを書けばうまくまとめられるはずだという気持ちも強かったのですが，それをどんな順序で書いたら説得力が出るのか悩んでいるうち，時間が経ってしまいました。

　日頃から自分の意見を主張する文章を日本語でも英語でも書いたり読んだりする経験を積み重ねておけばよかったとすごく後悔しました。確かに，英語の勉強は単語や聞き取り，言い回しの勉強が多くて，読む文章もついジャーナリスティックなものになりがちです。内容や形式よりも，ひたすら記憶していくという姿勢になるわけですね。

　でも，**TOEFL Writing**の題材となる事柄は，もう少し論理的な感じがしました。日本語できちんとした論文を読んだり書いたりする機会をもっと積極的に作らないと，論理の展開のしかたもわからず，難しく感じてしまうと思います。受けてみて，むしろ英語の問題だけではなくて，日本語の論文構成の基本を身につけておく必要性が高いのだと思いましたね。

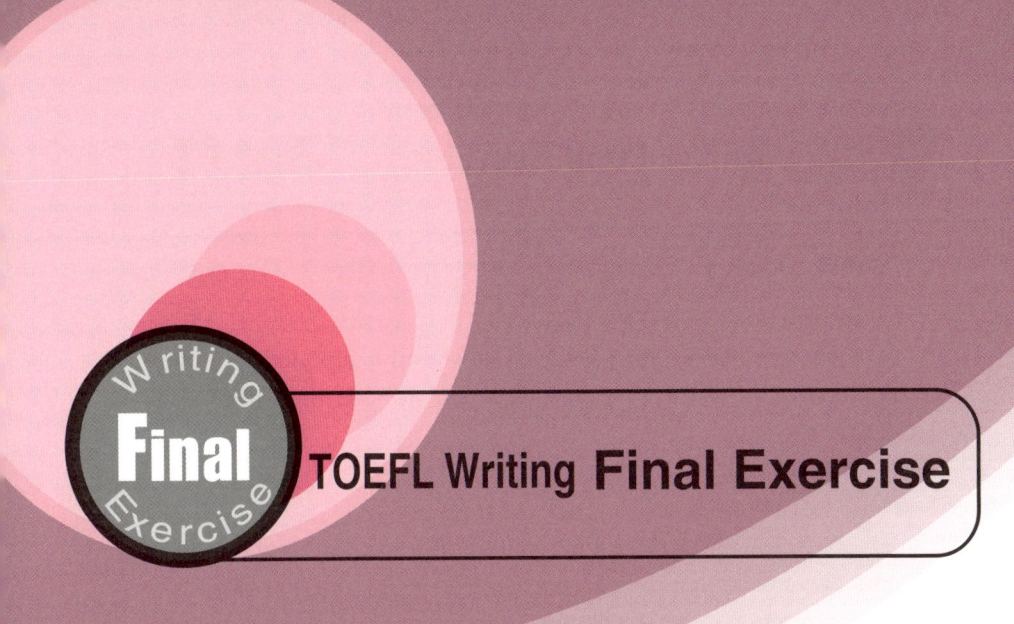

TOEFL Writing Final Exercise

今まで学んだ技法をすべて使って，TOEFL テストのWriting模擬問題を解いてみよう。ここでは，Set ❹とSet ❺の2つを用意してある。どちらも典型的な問題なので，もうそれほど苦労はしないはずだ。

Set Ⓐ Task1, Task2
　　　　Sample Answer & 評価のしかた
　　　　Solution

Set Ⓑ Task1, Task2
　　　　Sample Answer & 評価のしかた
　　　　Solution

TOEFL Writing Final Exercise　Set A

Set A　Task 1

Read the textbook passage below and a professor's lecture that follows it. Write an essay that summarizes the differences between the two.

● TEXT

　　Different universities have different graduation requirements. Some universities require students to take many specific classes in order to graduate. Other schools have almost no required classes. The latter type of system, the system with flexible class selection, is more desirable for students because it allows students to choose his or her classes to fit their daily schedules, interests, and career plans.

　　When students are given the option to choose what classes to take, they can arrange their classes according to whatever schedule suits them. This is important because students may have important activities or commitments other than their schoolwork that they must fit into their schedule. For example, some students may have part-time or full-time jobs while they attend university.

　　Another positive aspect of freeing students from having to take specific classes is that it also allows them to pick their courses that they are interested in. When students pick classes that they are interested in, they are more motivated to study. To put in another way, when student are forced or required to take specific classes that they are not interested in, they are unlikely to exert their best effort.

　　A further benefit of allowing students to determine what classes they want to take is that they can adjust their classes according to their future career plans. Many students see university education as important preparation for their future careers. A flexible choice means that students can choose classes, such as language classes, which they find most useful in preparing for their chosen careers.

●LECTURE

The question of what kind of classes should be required for university students is not easy to answer. One approach to this problem is to give students complete freedom in choosing what classes to take. I am, however, against this approach for a number of reasons. In particular, I think that it deprives students of a sense of intellectual community, allows them to remain ignorant of important areas of study, and often fails to prepare them for their future careers.

The university is an academic community, a place for serious academic discussion. An important step in building such a community is to make sure that all students share at least some common basic knowledge to participate in such a discussion. One way to do this is by requiring all students to take some common, basic level classes. Without some minimal common basic knowledge, it is very difficult to have constructive discussions.

A second reason I believe allowing students to choose all their classes is problematic is because students often do not even know what they interested in or what they are ignorant of. For example, if a student has not studied physics in high school, then he or she does not have a good basis to determine whether he or she should take a physics class at university. Similarly, without some requirements it is possible for students to miss or avoid taking classes that introduce them to ideas that they should know for their selected field of study.

I also think that letting students choose all their classes is problematic because there is a possibility that students will end up graduating without being adequately prepared for their future careers. Although it is true that different jobs require different skills, there are some skills that are necessary for any kind of job. For instance, the ability to write clearly is one such skill. If a student is not required to take any specific classes, it is possible that he or she will fail to develop skills necessary for jobs after graduation.

Set A Task 2

Some people always prefer to plan out all activities ahead of time, but others prefer not to do so.

Which approach do you prefer? Use specific reasons and examples to support your answer.

▼日本語訳

Set A Task 1

質問：同じ話題に関する以下のテクストと教授の講義を読み，両者の相違を要約するエッセイを書きなさい。

● テクスト

　卒業に必要な条件は大学ごとに違いがある。ある大学では，学生は，卒業するためにたくさんの必修科目を取らなければならない。しかし，他の大学では必修科目はほとんどない。後者のタイプのシステム，つまり自由に科目を取れるシステムのほうが学生にとっては望ましいだろう。なぜなら，このシステムでは，学生が自分たちの日々のスケジュールや興味，あるいは職業計画に従って，科目を選べるからである。

　学生がどんな科目を取るかについて選択の自由が与えられれば，自分たちに合ったスケジュールに従って，科目を配分できる。これは大事なことだ。なぜなら，学生たちは授業のほかに自分たちのスケジュールに入れなければならない活動や義務があるかもしれないからだ。たとえば，大学在学中でもパートタイムやフルタイムの仕事を持つ学生がいるだろう。

　特定の科目を取らなければならないことから学生を解放することのもう一つの利点は，興味を持つ科目を選ぶことができるということである。興味を持つ科目を選択すると，学習する動機が強くなる。逆に言うと，もし特定の科目を履修することを強制されたならば，学生たちはその科目のテーマに興味を持たないので，精一杯の努力をしないだろう。

学生に取りたい科目を決定させるさらなる利点は，将来の職業計画に従って，科目を調整できるという点である。大部分の学生にとって，大学教育は将来の職業に対する準備として重要である。自由選択できるということは，たとえば語学講座など，学生たちが自分の選ぶ職業に最も役立つような科目を選べることを意味するのである。

●講義
　大学生にとってどんな種類のカリキュラムが最もよいか，ということは答えるに難しい問いである。この問題に対する一つの考え方として，学生たちが履修する科目を選ぶ際に，完全に自由に選ばせるという方法がある。しかし，私は種々の理由から，この解決法に対して反対である。なぜなら，そういうやり方では，学生から知的共同体の感覚を奪うことになるだけでなく，重要な研究領域に無知なままでいることを許し，将来の職業の準備としての役割も果たせなくなるからである。
　大学は学問の共同体，つまり真摯な学問的討論の場である。そうした共同体を構築する一つの重要なステップは，そのような討論に参加するために必須の基本知識を共有することである。そのためには，すべての学生にいくつかの基本的な共通科目を履修することを要求するのがよい。このような最低限の基本的な共通知識がなかったら，建設的な議論をするのはとても難しくなるだろう。
　学生に自由に科目を選ばせることが問題だと思われる第二の理由は，学生たちがしばしば自分たちが何に興味を持っているか，何について自分が無知であるか知らないことである。たとえば，もしある学生が高校時代に物理を習っていなかったら，彼／彼女は大学で物理のクラスを取るべきか否かについて判断する基礎を持たないことになる。同様に，強制されなければ，学生たちは自分たちが選択した分野のために知っていなければならない理論とつながる科目を履修しなかったり，履修を避けたりすることにもなりかねない。
　さらに，学生に自由に科目を選ばせると，結局卒業時に将来の職業についても適切な準備が欠けたままになる危険性があると思う。確かに，仕事によって必要な技術はさまざまだが，どんな種類の仕事にも必要とされる技術があるはずだ。たとえば，明快な文章を書けるというのはそういう技術の一つだ。もし，学生たちがそういう科目を取ることを要求されなかったとしたなら，彼／彼女は卒業後に必要な技術を身につけずに終わるということになりかねない。

> **Set Ⓐ Task 2**
>
> 何かするときに，事前にすべてを計画する人がいる。しかし，そうしないことを好む人もいる。
>
> あなたは，どちらのやり方が好きか？ 具体的な理由や例示を用いて，自分の主張を根拠づけなさい。

Set Ⓐ Task1

Sample Answer Setⓐ Task 1

　　The two pieces just presented, a passage from a text and a lecture by a professor, convey contrary views on whether students should be required to take specific classes in order to graduate with a university degree.

　　The text argues that the absence of required classes is desirable because it allows students to construct flexible schedules, but the professor argues that this policy has negative consequences on the students' intellectual development. In particular, the text argues that this policy is desirable because it lets students select their classes around their work schedule. The professor, however, says that requiring specific classes is necessary to give students a common, basic intellectual background.

　　In addition, the two disagree on whether the absence of requirements to take specific classes leads students to take classes that are in their best academic interests. According to the text, students will be more motivated to study when they are allowed to choose classes that they are interested in. The professor, however, notes that most students are not prepared to pick the classes that they should because they do not know what they are interested in or what classes they should take to develop their interests.

The text and the professor also disagree on the value of flexible class selection for career preparation. In particular, the text contends that flexible class selection allows student to change what classes they wish to take according to how their career goals change. The professor, however, notes that all jobs require some fundamentals, and that such skills are best acquired by requiring specific classes. (261 words)

　　　(To sum up, the text and professor disagree over the desirability of having specific required classes as part of students' university education. The text argued that the absence of such requirements is desirable because it enables them to choose classes that fit their schedules, interests, and career plans. The professor, however, argued that such a policy is not desirable because it leaves students without common intellectual foundation, fails to free them from their ignorance, and neglects to teach them basic skills necessary for any job.)

▼日本語訳

　これら2つの議論，つまりテクストと教授による講義は，大学生が大学卒業資格を取るために特定の科目を必修とするか否かについて対立した立場を取っている。

　テクストは，学生が自分たちのスケジュールに合わせられる点で，必修科目がないのは望ましいと論ずるが，教授は，このやり方は学生の知的発達にマイナスの影響を与えると言う。特に，テクストでは学生が仕事と授業を両立させてスケジュールを組めるからよいという。ところが，教授は，学生が共通に持つべき知的教養を提供するには，必修科目は必要だと述べる。

　さらに，この2つは，必修科目がないことで，学生が最も知的興味を持つ科目を選択するかどうかについても意見を異にする。テクストが，自分たちが興味を持つ科目を取れるので，学生はもっと勉強しようという気持ちになると述べるのに対して，教授は学生たちの大部分はどんな科目を取るべきかわからないと述べる。なぜなら，学生たちは自分がどんな科目に興味を持っているか，どんな科目を取れば自分の興味をさらに伸ばせるか，わからないからである。

　また，テクストと教授は，科目の自由選択制が職業への準備として価値があるかどうかについても対立している。特に，テクストは自由選択制にすれば，

自分の将来目標とする職業が何かに従って，取る科目を変えられると論じる。しかし教授は，どんな仕事でも必要な基礎的能力があり，そういう能力は特定の科目を必修にすることで得られると言うのだ。

　（結局，テクストと教授は，大学教育の一部分として，学生が特定の必修科目履修が望ましいかどうかで対立しているのである。テクストは，学生は自分のスケジュール，興味，職業計画に合わせて履修するから，必修科目はないほうがよいと論じた。だが教授は，このような方針は，学生に共通の知的基礎を与えず，無知をそのままにしておき，どんな仕事にも必要な基礎的技能を教えるのを怠ることになると論ずるのである。）

●評価・チェックのしかた

　Chapter 1でも説明したが，Score 1-5の評価は，主に述べられた論点をきちんと理解し，それを解答の構造に反映させているかどうかで決められると言ってもよいだろう。表現の問題は，それに比べれば副次的な意味しかない。したがって，評価が下がる原因として大きいのは，次の3点だろう。

1　2つの議論の全体的関係を明確に示していない
2　論点の一部がとらえられて／表現されていない
3　論点の整理・対応がついていない

　スコア4は上の1～3の条件に問題が少ないが，その中に不正確な理解がある場合である。スコア3は論点を抜かしていたり，対立関係が不明確に表現されていたり，など上の1～3の条件が当てはまる場合と考えてよいだろう。スコア2はテクスト・講義の情報は含んでいても，1～3の条件に照らして重大な間違いが見られるものと考えればよい。
　Sample Answerもこのような構造を明確に示すように工夫してあるので，上の点を見比べて自分の答案の評価を考えてみてほしい。具体的に1～3の条件に関連してチェックすべき点としては，次ページのような基準が考えられるだろう。
　なお，表現の問題については，「語法・文法上の間違いが少なく，意味に影響を及ぼしていない」ことが求められ，Task 2に比べれば語学的側面が

やや重視されていると言えるが，それでも副次的な評価であることは間違いない。

条件	項目	チェック・ポイント
1	全体的関係	Introduction (Conclusion)に関係が明確に述べられているか？
2	論点の表現	論点の数だけ段落があるか？ テクスト・講義ごとに論点が列挙されているか？ 適当な説明・例示が付いているか？
3	整理・対応	テクスト・講義ごとに論点が整理されているか？ 両者の対応が正確か？

Solution　Set A Task1

　テクストも講義もIntroductionに続いて，３つのポイントを述べるという形式になっており，比較的わかりやすい構造になっている。ただ問題Problemはいずれも冒頭の一文ではなく，第２文以下で出てきていることに注意したい。たとえばTEXTなら，冒頭の"Different universities have different graduation requirements."は問題ではなく，真の問題である次の対立"Some universities require...Other schools have almost no required classes."を導入するためのIntroductionになっている。General to Specificの構造になっていることがおわかりだろうか？　これはLECTUREも同様で"The question of what kind of classes should be required for university students..."は全体に対する問題ではなく，次の対立"One approach...I am...against this approach..."を導入するより一般的な内容に過ぎない。

　このようなIntroductionの後に，TEXTでは自分の主張を支持する３つのポイントが述べられ，それぞれが１段落ずつで展開されている。第２段落では特別な表現は出ていないが，第３段落では"Another positive aspect..."，第４段落では"A further benefit..."という形が出ているので，これらのポ

イントに対してTEXTは肯定的であり、利点を列挙していることはすぐわかる。つまり、「必修科目を課すか課さないか」という対立に対し、TEXTでは「課さない」という解決をして、その理由を3つ挙げる構造になっているのだ。

▼TEXTの構造

段落	機能	内容
1	問題と解決	必修科目を課すか課さないか→課さない
2	理由1	
3	理由2	
4	理由3	

列挙されているポイントを読み取る

あとはそれらの根拠が何であるかを読み取ればよい。この場合、Point Firstの原則に基づいて、段落の冒頭に注目すればよいだろう。まず、第2段落では第1文の主節に "…they can arrange their classes according to whatever schedule suits them." とあるので、「スケジュールに合わせて科目を選べる」ということを「必修科目を課さない」理由として挙げている。

一方、第3段落でも同様に第1文の前半は "Another positive aspect of freeing students" となっているので、その補語となっている後半を見れば、"…that it also allows them to pick their courses that they are interested in." とある。したがって、「興味を持つ科目を取れる」のが「必修科目を課さない」理由の第二である。最後に第4段落の第1文も同様に考えて、後半を見れば "…they can adjust their classes according to their future career plans." となっている。つまり、「職業計画に合わせて科目を取れる」のが「必修科目を課さない」理由の第三。以上をまとめれば、上の表の空欄は次のように満たすことができる。

▼TEXTの構造と内容

段落	機能	内容
1	問題と解決	必修科目を課すか課さないか→課さない
2	理由1	スケジュールに合わせて選べる
3	理由2	興味を持つものを取れる
4	理由3	職業計画に合わせて取れる

LECTUREの構造

　このようにTEXTが解析できたなら，LECTUREは基本的にそれに対して批判的立場を取ると考えられるから，まず自分の立場がTEXTの立場に反対であることを述べて，それぞれの3つのポイントに対して反論を試みるというのが，最も予想される構造となろう。このように，TEXTを読む際にLECTUREの構造を予想するということが，聞き取りやすくするコツの一つでもある。

　ただし，そうでないパターンで出題してくる可能性はもちろん残っている。たとえば，TEXTが一般的原理を示し，LECTUREではそれに対する反例・例外などを示す「原理─実例型」や，TEXTで問題点を示し，LECTUREではその帰結を示す「問題─解決型」などというタイプも考えられる。ただし，アメリカの大学の実情を考えると，本問のような「批判─反論型」が最も多いだろうと予想できる。

　LECTUREでは，まず，第1段落で "...I am, however, against this approach for a number of reasons." という文が出てくるところに注意しよう。Iが出てくるので，ここが自分の主張，howeverは不安定化要素，against this approachが反対意見の表明である。このように，TEXTに対する自分の立場を表すには，特有の表現が用いられることに注意して聞くべきであろう。

　一方，批判する理由は，すぐ後にIn particularと特定されて，まとめて書いてある。ここが聞き取れれば一番よいのだが，たとえ聞き逃してもその後に繰り返されるので，心配はない。ただ，いくつ理由があるかについては理解していたほうがよいだろう。

　これについては，第3・第4段落で "A second reason..." "I also think..." と2番目以下の理由が明示されているのでわかりやすいだろう。問題なのは第一の理由で，特殊な表現は何も使われていないから，やや聞き取りにくい。だから，聞き取りの場合はこの第一の理由をうまく聞き取れるかどうかが問題になってくるだろう。

TEXTのメモを利用する

　それぞれの段落の内容は，TEXTの提示した論点への批判となることが多いのだから，TEXTと同じ順番で論じられるとだいたい考えてよい。したがって，TEXTの構造がわかっていたら，それだけ聞き取りのときも楽になる

はずである。論点がそれぞれ，どう批判されているかに注意したい。
　まず下のTEXTの構造と内容の表を見てほしい。ここでは，LECTUREの批判の内容をTEXTの論点と対応させつつ整理している。

▼TEXTの構造と内容

段落	機能	TEXTの内容	批判の方法	LECTUREの内容
1	問題と解決	必修科目を課すか課さないか→課さない		課すべきである
2	理由1	スケジュールに合わせて選べる	別の理由	討論に参加できない＝知的な共同体にならない
3	理由2	興味を持つものを取れる	前提を崩す	自分の持っている興味が何か，知らない知識が何か，わからない
4	理由3	職業計画に合わせて取れる	帰結が逆の効果をもたらすことを示す	職業の準備としても不十分である

　LECTUREでは，まず学生に必修科目を課すべきであるという立場を取り，その理由を上げつつ，TEXTの主張を批判する。まず，最低限の基本的な共通知識がなかったら，討論に参加できないことを指摘する。最初に出てくる"an academic community"という表現が抽象的すぎて，意味が理解しにくいかもしれない。しかし，その先を聞いていけば，discussion, knowledgeという言葉が何回も出てくるので，「討論に必要な知識のことだな」と内容を推理することができるだろう。これはTEXTの第一の論点「学生のスケジュールに合わせる」とは違う論点である。つまり，ここは直接TEXTの第一の論点を否定しているわけではなく，別なデメリットを出すという方法でTEXTの結論に対抗していることがわかる。
　しかし，次の"A second reason I believe allowing students to choose all their classes is problematic is..."では，TEXTの第二の論点「興味を持つ科目を取れる」に対して批判している。これは，前提を崩すという方法である。"...students often do not even know what they interested in or what they are ignorant of."そもそも学生は自分がどんな興味を持っているか，どんな知識を自分が知らないか，すらわからないことを指摘する。「どんな興味を持っているか，どんな知識を自分が知らないか」がわからなければ，当然「興

味を持つ科目を取れる」ということも不可能になる。

さらにLECTUREは，"I also think that letting students choose all their classes is problematic because..."の形でTEXTの第三の論点「職業計画に合わせて取れる」を批判する。これは第二の論点のように前提を崩すやり方ではなく，必修科目を課さないことの帰結として，TEXTの主張とは反対の結果が出てくることを論証する。つまり，どんな職業にも適用できる基本的な技能があり，それを身につけないと将来の職業の準備として不十分だと批判する。つまり，その基本的な技能は必修科目でしか身につかないと主張しているわけだ。

まとめるときの方法

この関係をまとめるには，Topic centeredとAuthor centeredの2つが考えられる。第一の論点は直接の批判ではないが，第二・第三は批判になっているので，厳密ではないがTopic centeredも使える。したがって，両者のどちらを用いてもよいだろう。とりあえず，Topic centeredで考えてみると，Outlineは次のようになるだろう。

▼Topic centeredのOutline

段落	機能	内容
1	話題と対立の説明＋3つの論点の指摘	2つの意見は必修科目を課すか課さないかで対立している＋スケジュール・興味・職業との関係
2	第一の論点	スケジュールに合わせられる／討論に参加するのに必要
3	第二の論点	興味を持つ科目には熱心になる／自分がどんな興味を持っているか，どんな知識を知らないか，わからない→TEXTの前提が成り立たない
4	第三の論点	職業計画の準備になる／職業の準備としても不十分である

第1段落はテキストと講義両者の関係を示すIntroductionだが，Task 1は解答時間が20分と短い一方，求められる字数も150〜225語（それを超えてもよい）と少な目なので，3つの論点の指摘する部分は書かないという選択もできるだろう。つまり，本来なら以下の例のように，話題と対立の説明と

3つの論点の指摘をしたほうが原則からするとよいのだが，後半を省略しても悪くない。

> The two pieces just presented convey contrary views on whether students should be required to take specific classes in order to graduate with a university degree. The text argues that no specific classes should be required because such a policy lets students pick classes that match their schedules, interests, and career plans. The professor argued that specific classes should be required because they are essential to help students build a common intellectual foundation, free them from ignorance, and cultivate basic skills necessary to any career.
>
> ▼
>
> The two pieces just presented, a passage from a text and a lecture by a professor, convey contrary views on whether students should be required to take specific classes in order to graduate with a university degree.

　もちろん，Author centeredを使って，次のようなOutlineを作ってもかまわない。

▼Author centeredのOutline

段落	機能・論者	内容
1	話題と対立の説明＋3つの論点の指摘	2つの意見は必修科目を課すか課さないかで対立している＋スケジュール・興味・職業との関係
2	TEXTの論点	a　スケジュールに合わせられる b　興味を持つ科目には熱心になる c　職業計画の準備になる
3	LECTUREの論点	a　討論に参加するのに必要 b　自分がどんな興味を持っているか，どんな知識を知らないか，わからない c　職業の準備としても不十分である

あとは，これらのOutlineに従って書いていけば，Sample Answerのような文章が出来上がる。対比の接続詞や順番を表す表現などを工夫すること。Sample Answerでは仮にTopic centeredで書いてみて，練習のためにAuthor centeredのConclusionを付けてみた。もちろん，これもConclusionの書き方の一例を示すために掲載したのであって，解答時間の短さを考えれば省略してかまわない。

Set A Task2

Sample Answer　Set A　Task 2

　　　　People have different ways of carrying out various activities. As the statement suggests, some people always plan everything ahead of time. Others leave everything unplanned. I prefer the former stance because it enables one to maximize his or her time, help avoid last-minute problems, and prioritize goals.

　　　　One reason to plan ahead is that it allows you to maximize your time. Since time is limited, how much you can fit into a given amount of time will depend upon your plan. For example, if you take a vacation to travel to a foreign country, how much of the country you will be able to see will vary according to your plan. If you want to visit several sites, it helps to plan the best route in order to minimize your travel time between the places you want to visit.

　　　　Another reason to plan ahead is that you will be able to avoid last-minute difficulties. The process of planning ahead helps one anticipate cases in which things do not go as scheduled. To use my earlier example of going to a foreign country on vacation, you may find that once you arrive in the country some of the places you wanted to visit are closed for one reason or another. If you planned ahead, however, it is likely that you will have an alternative plan that you can fall back on.

　　　　Planning ahead is also a desirable because it can help you prioritize your goals. Suppose that you want to buy a house and attend graduate school, but you have limited financial resources. In such a situation, taking time to plan ahead will enable you to assess your resources and help you determine which goal should have a higher priority.

To sum up, I prefer to plan out activities as much as possible. It is an approach that has several important benefits. As I have stressed here, it is a way of life that helps you maximize your resources, avoid last-minute problems, and prioritize your goals. (335 words)

▼日本語訳

　人が何かをするときのやり方はそれぞれ違う。設問が言うように，ある人々はすべてを事前に計画する。しかし，計画しないでおく人々もいる。私は前者のやり方のほうがより望ましいと思う。というのは，自分の時間を最大限活用でき，土壇場で問題が起こるのを防ぎ，目的を見失わないようにできるからだ。

　事前に計画しておく理由の一つは，自分の時間を最大限活用できる点にある。時間は限られているから，与えられた時間内にどのくらいできるかは計画に依存する。たとえば，休暇で外国を旅行するとき，その国をどれくらい見て回れるかは，計画次第で決まるだろう。もし，いくつかの場所を見て回りたいのなら，訪れたい場所を回る時間を最小にするような道順を計画することは役に立つはずだ。

　事前に計画しておくのがよいもう一つの理由は，土壇場で起こるトラブルを避けられる点である。事前に計画すると計画どおりことが運ばない場合を予測することもできる。外国に行くという前述の例で言うなら，着いてみたら，訪問したいと思っていた場所が何かの理由で行けないことがあるかもしれない。しかしながら，もし事前に計画していれば，別な計画が選べるだろう。

　また，事前に計画することは，自分の優先順位を明確にする意味でも望ましい。たとえば，家も買いたいし，大学院にも行きたいが，お金はあまりないとしよう。こういう状況では，計画の段階で使える資金がどのくらいあるか調べることになるし，自分にとって最も大切な目的は何か決定することもできる。

　結局，私は，何かするときにはなるべく事前に計画しておきたい。これにはいくつか重要な利点があるからだ。ここで強調したように，それは自分の持っているお金や時間を最大限利用し，土壇場で慌てず，究極的な目的を見失わないための方法なのである。

●評価・チェックのしかた

　Task1と同じように，Score 1-5の評価は，主に述べられた論点をきちんと理解し，それを解答の構造に反映させているかどうかで決められる。表現の問題は，それに比べれば副次的な意味しかない。したがって，評価が下がる原因として大きいのは，次の3点だろう。

> 1　問題に対応した解決になっていない
> 2　理由・説明・例示などが十分に示されていない
> 3　全体に首尾一貫していない

　スコア4は上の1〜3の条件に問題が少ないが，その中に不明確なところがある場合や冗長・繰り返しがある場合。スコア3は条件1〜3のどれかに照らして，よい点がある場合。逆に言えば，条件1〜3に照らして2つ以上の不明確さが見受けられる場合と考えてよいだろう。スコア2は条件1〜3に照らして2つ以上の明確な難点を持つ場合である。
　自分の答案を評価するときには，Sample Answerとこれらの点を見比べてレベルを考えてみてほしい。1〜3の条件に関連してチェックすべき点としては，次のようになるだろう。

▼チエックすべきポイント

条件	項目	チェック・ポイント
1	問題・解決の対応	Introductionで問題に対応しているか？ どちらかの立場を明確に選んでいるか？
2	理由・説明・例示	Bodyできちんと理由が出されているか？ 十分に理由の説明がなされているか？ 議論と対応した例示がなされているか？
3	統一性・一貫性	途中で冗長・脱線がないか？ Conclusionで立場の不明確化・矛盾はないか？

　前述したように，これらの点に比べれば表現上の問題点は評価に入る比率は小さい。大きな文法的・語法的間違いがあるときだけチェックすればよいだろう。

Solution　Set A　Task2

　この形式の問題でも，本質はagree/disagree型と同じであり，自分の立場がどちらであるかをまず決定する必要がある。もちろん，どちらの立場を取っても評価には関係しないことに注意しよう。一番簡単な書き方としては，次のような書き始め方が考えられる。

　　I prefer the former stance, because…

　これは間違いではないが，Introduction抜きで始める書き方である。Chapter 2で書いたように，できればここに導入部らしい文を付け加えるほうが望ましい。たとえば，次のような表現はどうだろうか？

　　People have different ways of carrying out various activities. As the statement suggests, some people always plan everything ahead of time. Others leave everything unplanned. I prefer the former stance, because…

　ここでは，"People have different ways of carrying out various activities."と一般的な情報を入れ，そこから事前に計画したほうがよいかどうかという対立に入っている。つまり，General to Specificのスタイルになっているわけである。そのうえで，この対立で表された問題に対して，"I prefer the former stance, because…"というように解決と理由を述べている。前述したように，ここは"I prefer the latter stance, because…"と書いてもまったく問題はない。

理由の構造を決める

　あとは，この主張・解決をサポートする理由が書かれていればよい。また，Task2では，この理由が充実していることが重要である。書き方はいろいろあるのだが，ここでは一般的に推奨されることが多い5 paragraphs, 3 pointsの典型的な形で考えてみよう。つまり，理由を3つ挙げて，最初の解決をサポートし，ラストにConclusionを付ける形である。もちろん，これ

でなければ絶対にいけないというわけではない。

たとえば,「事前に計画をしたほうがよい」という立場に立って,その理由を3つ挙げてみよう。次のような理由はどうだろうか？

1　時間を有効に使える
2　土壇場で慌てないで済む
3　最終目的を見失わないで済む

これらのそれぞれに説明と例示を付け加えてみる。たとえば,理由1について次のような段落を考えてみる。理由1をPoint Sentenceにして,その後に説明と例示の文を付け加えればよい。

限られた時間を有効に使える
　　　　▲
説明：時間は限られているので,計画すると短い時間にいろいろできる
例示：休みを取って外国旅行をするときに,行きたい場所に全部行ける

英語で書くと,たとえば次のようになるだろう。

Example A-1

One reason it is a good idea to plan ahead is that it allows you to maximize your time. Since time is limited, how much you can fit into a given amount time will depend upon your plan. For example, if you take a vacation from work to travel to a foreign country, how much of the country you will be able to see will vary according to whether you planned out a schedule ahead of time. If you want to visit several sites, it helps to plan the best route in order to minimize your travel time between the places you wish to visit.

反対の立場とその理由

もちろん，反対の立場「事前に計画しないほうがよい」を取れば，それをサポートする理由や説明，例示も異なってくるだろう。たとえば，次のような理由はどうだろう。

1　計画を気にして慌てる
2　状況に応じて行動できない
3　偶然を楽しむ発見ができない

理由1を前と同じように，説明・例示でサポートしてみると，たとえば次のようになろう。

計画を気にして慌てる
▲
例示：外国旅行するとき，計画を立てる
説明：リラックスできない

英語で書くと，たとえば次のようになる。

Example A-2

One reason it is preferable to leave some activities unplanned is because plans can make you feel pressured and constrained. For example, if you take a vacation to travel to a foreign country with a rigid plan to see many sites, you may find yourself feeling rushed to move from one site to another. Since the point of taking a vacation is to relax, it makes no sense to set up a plan if it is just going to make you feel rushed and pressured. In fact, many individuals say that the best thing about their vacation was that they felt freed from having to follow a schedule.

(日本語訳)
最初に計画を立てておかないほうがよい理由の一つは，計画を立て

> るとそれを気にしすぎて束縛されてしまうことだ。たとえば，休暇で外国を旅行するとき，たくさんの場所に行こうと計画を立てると，一つの場所から次の場所に慌てて移動しなくてはならない。休暇で一番で維持なのはリラックスすることなので，ただ慌てることのために計画を立てるのはおかしい。実際，多くの人は休暇ではスケジュールから解放されるのが大切だというのである。

その後の書き方と進行

どちらの立場を取っても，後の進行は似たようなものになるだろう。まず，**5 paragraphs, 3 points**ならあと２つ理由があるので，それらについても同じように説明・例示を考えて各段落を構成する。その冒頭には"**Another reason**""**Further benefit**""**Also**"などの表現を配して，これらが２つ目・３つ目の理由であることを明示する。さらに時間があれば，最後に**Conclusion**の段落を付けるとよいだろう。典型的には"**In sum**""**In conclusion**"などの表現を冒頭に置いて，第１段落で表明した自分の立場・解決を別な表現を使って繰り返す。結局**Outline**は以下のようになるだろう。

段落	機能	内容
1	Introduction	General to Specific, Some...Others..., I think ...better...
2	Body 1	Reason 1, Explanation 1, Example 1 etc.
3	Body 2	Reason 2, Explanation 2, Example 2 etc.
4	Body 3	Reason 3, Explanation 3, Example 3 etc.
5	Conclusion	In sum... etc.

あとはこの構造に，自分の考えた理由・説明・例示など実質的な内容を**fill-in**していけば**Sample Answer**のような解答が出来上がるだろう。

TOEFL Writing Final Exercise Set B

Set B Task 1

Read the textbook passage below and a professor's lecture that follows it. Write an essay that summarizes the differences between the two.

● TEXT

One of the most difficult issues faced by every company is to how to determine salaries for its employees. On the one hand, there are companies that make such decisions primarily on the basis of the individual's performance in the company. On the other hand, there are also companies that make decisions primarily on the basis of seniority, the number of years an individual has worked in the company. The latter system is better for employees because it eliminates needless competition among employees who entered the company at the same time, creates a sense of unity among employees, and enables them to plan out their lives more easily.

An important advantage of a salary system based on seniority is that it helps to reduce competition between individuals who entered the company at the same time. If salaries are based on seniority, then all individuals who entered at the same time can expect to have their salaries increased at the same rate. This means that individuals who entered at the same time are less likely to compete with each other for salary raise.

Another advantage of the seniority-based system is that it cultivates employee loyalty to the company. When salaries are based on individual performance, every employee is in competition with another employee. At times this can hinder cooperation and destroy teamwork within a company. Such problems will reduce the company's overall productivity.

In addition to the two advantages mentioned above, a seniority-based salary system makes it easy for individuals to plan out their future. This is because if individuals have a good sense of how their salary will increase in the future, then they can plan how to spend and save their current salary. For example, some individuals may choose to wait to make major purchases, such as a house, until their income goes up to a certain level.

●LECTURE

There are two major ways in which companies determine salaries. One system determines salaries by seniority. The other system determines it by an employee's individual performance. In many parts of the world, the seniority-based system is being replaced by the performance-based system. On the whole, I think this is a good change because the performance-based system distributes salaries fairly, gives employees motivation to work hard, and enables them to negotiate with their company regarding their salary.

A key positive characteristic of the performance-based system is that it distributes salaries fairly. What I mean is that in a performance-based system each employee is paid according to how much they achieved, not by how long they worked at the company. In other words, it is a fair system in the sense that each person is rewarded for his or her individual contributions to the company.

Another benefit of a performance-based salary system is that it gives individuals motivation to work hard. This is not surprising because a performance-based salary means that if an individual works hard and produces results, then his or her salary will go up. In contrast, if an employee know that his or her salary will not be affected by his or her performance, then he or she will be less motivated to work hard. The direct relationship between performance and salary gives employees motivation to work hard.

I should also note that a further benefit of a performance-based salary system is that it gives employees a chance to negotiate his or her salary with the company. If the company's salary policy is simply based on seniority, then is no room for such negotiation. Such negotiations, however, are very much part of a performance-based system. They are important because they enable employees to negotiate their salary by clarifying their expectations of the company and their company's expectations of them.

Set B Task 2

"Working in a group is always more difficult than working alone."

Take a position on this statement.

▼日本語訳

Set B Task 1

質問：同じ話題に関する以下のテクストと教授の講義を読み，両者の相違を要約するエッセイを書きなさい。

●テクスト

　すべての会社が直面する最も難しい問題の一つに，どうやって従業員の給料を決めるか，ということがある。一方では，主に個人の会社内での業績をもとに決定するという会社がある。他方では主に年功序列をもとにして決定する会社も存在する。後者のシステムのほうが従業員にとってはよりよいシステムである。なぜなら，同時期に入社した従業員の間での無用な競争が減り，従業員の間の結束感が高まるだけでなく，容易に生活の計画を立てられるからである。

　年功序列に基づいた給料体系の重要な利点の一つとして，同時期に会社に入った従業員の間での無用な競争を減らすということがある。もし給料が年功序列になっていれば，同時期に入社した従業員のすべては同じ比率で自分たちの給料が上がっていくことを期待する。同時期に入った社員は，給料アップのた

めに互いに競争することを避けるだろう。
　年功序列制度のもう一つの利点は，年功序列では従業員の会社への忠誠心が育まれることである。もし給料が個人の業績に基づいて決まるとしたなら，すべての従業員は互いに競争することになる。しばしばこれは会社内での協力の妨げとなり，チームワークが破壊される。このような問題は，会社全体の生産性を減少させる結果になる。
　上に挙げた２つの利点のほかにも，年功序列の給与体系であれば，それぞれが自分の将来を設計しやすくなる。これは，自分の給与が将来どのように上がっていくかわかるので，現在の給料を使うべきか貯金すべきか計画できるからだ。たとえば，家のように大きな買い物をするとき，収入がある程度のレベルに達するまで購入を延ばすなどということも選択できるだろう。

●講義
　会社が給料を決定するとき，よく行われる方法には２つある。一つは，年功序列によって給与を決定する方法だ。もう一つは，個人の業績・成果に基づいて決定する方法である。現在，世界の至る所で，年功序列システムは成果主義システムによって置き換えられている。だいたいにおいて，私はこの変化は望ましいことだと考える。なぜなら，成果主義（業績主義）は社員に公平に給料を分配するシステムであるだけでなく，従業員に一生懸命働こうという気持ちを起こさせ，給料について会社と交渉する余地を与えるからである。
　成果主義の重要なプラス面として，給料が公平に分配されることが挙げられる。すなわち，成果主義においては，従業員たちがどれだけ長く会社で働いたかではなく，どれだけたくさんのことを達成したか，に従って給料を受け取るからだ。別な言葉で言うと，会社に対するそれぞれの貢献度によって支払われるという意味で，公平なシステムなのである。
　成果主義の給料体系のもう一つの利益は，個人に一生懸命働こうという気持ちを起こさせる点にある。これは驚くべきことではない。なぜなら，成果主義の給料体系は，もし一人一人が一生懸命働き，結果を出したならば，彼／彼女の給料は上がるからである。それに対して，もし従業員が自分の給与が成果によって影響されないとわかったならば，彼／彼女は一生懸命働こうという気持ちにあまりならなくはずだ。成果と給料が直接関係すれば，従業員が一生懸命働く動機が持てるだろう。
　さらに，成果主義の利益は，自分の給料について会社と交渉する機会を持てることにもある。もし，会社の給与方針が年功序列にのみ基づいているのなら，

そのような交渉の余地はない。しかし，成果主義では交渉は欠かせない一部だ。給料交渉は重要である。なぜなら，ここで従業員が会社にかけている期待と会社が従業員にかけている期待が明らかになるからである。

Set B Task 2

「集団の中で働くことは一人で働くよりも常に難しい」。
あなたはこの考えに対して，どのような立場を取るか？

Set B Task 1

Sample Answer Set B Task 1

  The text and the lecturer express conflicting views regarding how companies should determine employee salaries. The former argues for a seniority-based system, but the latter argues for a performance-based system.

  The text contends that a seniority-based system should be preferred because it promotes a cooperative atmosphere, cultivates employee loyalty, and easily allows for long-term planning. The text argues that this system promotes cooperation by freeing employees from the feeling that they must outperform others for a salary raise. In addition, it cultivates loyalty because employees can trust their company to look after them regardless of their performance. The system also makes long-term planning easy because employees can predict their future income and the company can predict its future payroll.

  Contrary to the text, the lecturer argues that a performance-based system should be preferred because it distributes salaries fairly, creates incentive to work hard, and lets employees negotiate their salaries. The lecturer argues that it distributes salaries fairly because it varies salaries according the employee's performance. Moreover, it is a system that provides employees with an incentive to work hard because employees know that their results will be reflected in their salaries. The lecturer also stresses that this system enables employees to negotiate their salary, a possibility foreclosed in a seniority-based system.

　　In sum, the text advocates a seniority-based salary system, but the lecturer advocates a performance-based one. (227 words)

▼日本語訳

　テクストと講師は会社がどのように従業員の給料を決めるかについて，対立する見方を示している。前者は年功序列に基づく体系を推奨し，後者は成果主義であるべきだと論ずる。

　テクストは，年功序列に基づく給料体系が成果主義システムより望ましい理由は，協調的な雰囲気が醸成されること，忠誠心が育まれること，長期にわたる計画を容易に立てられることだと言う。このシステムが協調をもたらすのは，従業員たちが同僚に差を付けて給料の引上げを図ろうという気持ちから解放されるからである。また，このシステムは会社への忠誠心を涵養する。なぜなら，従業員は個々の業績にかかわらず，会社が面倒を見てくれると信じられるからだ。さらに，年功序列制度は従業員と会社が長期的な計画を立てることを容易にする。なぜなら，従業員は自分の将来の収入を予測できるし，会社のほうは給料支払総額が予測できるからである。

　これに対して，講師は成果主義の給料体系のほうが望ましいと論じる。なぜなら，成果主義は給料を公平に分配し，一生懸命に働く動機を生み，給料について（会社と）交渉する機会を与えるからである。給料の分配については，従業員の実績次第で給料の額が変わるので，公平な分配だと言う。さらに，結果に従って給料が上がることを知っていれば，従業員が一生懸命働こうという動機にもなる。また，成果主義では従業員に給料の交渉の余地を与えるが，これは年功序列では初めから不可能なことだったと述べる。

　結局，テクストは年功序列を，講師は成果主義をよいと主張するのだ。

●評価・チェックのしかた

　評価のポイントについては，Set **A** で説明した3つの条件が同様に当てはまる。この問題に対する解答に関して，特にチェックすべき点としては，次のようになるだろう。

条件	項目	チェック・ポイント
1	全体的関係	Introduction (Conclusion)で，立場が対立していることが明確に述べられているか？
2	論点の表現	テクスト・講義ごとに3つの論点が列挙されているか？ 適当な説明・例示が付いているか？
3	整理・対応	テクスト・講義ごとの論点の順序は対応しているか？

Solution Set B Task1

　TEXT・LECTUREともに，もしConclusionを付ければ，3 points, 5 paragraphの典型的なEssayになっている。TEXTでは，最初に"how to determine salaries for its employees"という問題が提示され，それに対して"individual's performance"成果主義と"seniority"年功序列の2つの対立した見方があることを"On the one hand…On the other hand…"という定型的な表現で述べている。これは対立だから，あとはどちらの立場を支持するのか，という進行になる。LECTUREでも"two major ways ... to determine salaries"から"One system…The other system…"と対立を示すパターンが続く。言葉・表現は違うが，どちらかの立場を選んでサポートするという進行は同じであろう。

▼両者のIntroductionの構造

区別	項目	チェック・ポイント
TEXT	how to determine salaries for its employees	On the one hand…On the other hand…
LECTURE	two major ways…to determine salaries	One system…The other system…

　当然のことながら，TEXTとLECTUREの取る立場は反対・逆だ。TEXTは年功序列，LECTUREは成果主義を支持している。もちろん，この問題以外ではTEXTで述べたことを大筋では認めつつ，そこにLECTUREが補足・修正を付け加える，などという関係も考えられる。

Bodyの構造

TEXT・LECTUREともに3つの理由を出して，自分の主張・立場をサポートしている。TEXTで出てくるサポートの内容の順序をメモしておくこと。なぜなら，ほとんどその順序に対応する形でLECTUREが論じられる確率が高いからである。つまり，TEXTで理由A→B→Cという順なら，LECTUREでも理由A´→B´→C´などと表される。それぞれの理由は以下のとおり。

> **TEXT**
> 1　協調的な雰囲気が醸成される
> 2　会社に対する忠誠心が育まれる
> 3　従業員と会社が長期にわたる計画を容易に立てられる
>
> **LECTURE**
> 1　給料を公平に分配する
> 2　一生懸命に働こうという動機を強める
> 3　会社と自分の給料について交渉できる

解答の構成のしかた

今回はAuthor centeredで解答を書いてみよう。Outlineは次のようになる。

▼Author centeredのOutline

段落	機能	内容
1	Introduction	TEXTとLECTUREの対立関係 前者が年功序列，後者が成果主義を支持
2	Body 1	TEXTの理由 協調的な雰囲気が醸成される 会社に対する忠誠心が育まれる 従業員と会社が長期にわたる計画を容易に立てられる
3	Body 2	LECTUREの理由 給料を公平に分配する 一生懸命に働こうという動機を強める 会社と自分の給料について交渉できる
4	Conclusion	TEXTとLECTUREの対立関係の再説

Example of Sample Answer Set Ⓑ Task 1 (long version)

The text and the lecturer express conflicting views regarding how companies should determine employee salaries. The text argues that employee salaries should be determined by seniority, the number of years an employee has worked at the company. In contrast, the lecturer contends that employee salaries should be determined by each employee's performance in the company. Each cites three reasons for their position.

According to the text, a seniority-based salary system should be preferred over a performance-based system because it helps create a cooperative atmosphere among employees, cultivates loyalty to the company, and enables employees and the company to make long-term plans more easily. The text argues that a seniority-based system promotes cooperation by freeing employees from the feeling that they must outperform their fellow worker to earn a salary raise. Another advantage of this system is that it cultivates loyalty to the company because employees can trust their company to look after them regardless of their individual performance. Furthermore, a seniority-based system enables employees and the company to make long-term plans easily because employees can count on a gradual increase in their income and the companies can estimate how their payroll will change in the long-term.

Contrary to the text, the lecturer contends that a performance-based salary system should be preferred over a seniority-based one because it distributes salaries fairly, creates incentive to work hard, and gives employees a chance to negotiate their salaries with their company. Concerning salary distribution, the lecturer argues that a performance-based system distributes salaries fairly because they vary according to how well an employee performs in the company. Moreover, a performance-based salary system provides employees with an incentive to work hard because they know that if they produce results, their salary will rise accordingly. The lecturer also stresses that a performance-based system provides employees a chance to negotiate their salary, a possibility that is foreclosed in a seniority-based system. (314 words)

　　This essay has summarized two conflicting views on how companies should determine employee salaries. The text argued for a seniority-based system because it promotes a cooperative ethos, builds employee loyalty, and enables long-term planning. The lecturer argued for a performance-based system because it distributes salaries fairly, provides motivation to work hard, and gives employees the chance to negotiate their salaries. (374 words)

▼日本語訳

　テクストと講師は会社がどのように従業員の給料を決めるかについて，対立する見方を示している。テクストでは，従業員の給料は年功序列，つまり会社で働いた年数で決められるべきだとするが，講師はそれぞれの従業員の給料は会社での働きぶりで決められるべきだと論ずる。両者ともに，自分の主張を支える3つの理由を出している。

　テクストによれば，年功序列に基づく給料体系が成果主義システムより望ましい理由としては，従業員間で協調的な雰囲気が醸成されること，会社に対する忠誠心が育まれること，従業員と会社が長期にわたる計画を容易に立てられることなどが挙げられる。年功序列が職場に協調をもたらすのは，従業員たちが同輩に成果で差をつけて給料の引上げを図ろうという気持ちから解放されるからである。他の利点として，このシステムは会社への忠誠心を涵養する。なぜなら，従業員は個々の業績にかかわらず，会社が自分たちの面倒を見てくれると信頼できるからである。さらに，年功序列制度のおかげで，従業員と会社は容易に長期的な計画を立てることができる。なぜなら，従業員は自分の収入が次第に上がっていくことを当てにできるし，会社のほうは給料支払総額が長期でどう変わっていくか，判断できるからである。

　このテクストの考えに対して，講師は成果主義の給料体系は年功序列よりもより望ましいと論じる。なぜなら，成果主義は給料を公平に分配し，一生懸命に働こうという動機を生み，会社と自分の給料について交渉する機会を与えるからである。給料の分配については，講師は成果主義は従業員が会社でどれだけよい実績を残したかによって，給料の額が変わるので，公平な分配だと言う。さらに，成果主義は結果に従って給料が上がるということがわかるので，従業

員が一生懸命働こうという動機になる。成果主義では従業員に給料の交渉の余地を与えるが，これは年功序列ではそもそも不可能である。

　このように，会社が従業員の給料をどう決めたらいいか，に関する（上の）2つの対立する考えはまとめられるだろう。テキストは協調精神を涵養し，忠誠心を固め，長期の計画を可能にするから年功序列がよいと主張し，講師は給料が公平に分配され，一生懸命に働く動機付けをし，給料について会社と交渉する余地があるという意味で，成果主義がよいと主張するのだ。

標準字数に近づける

　しかし，このExampleではETSが求めている語数の目安150〜225語を大幅に超えている。仮に最後のConclusionの段落を削除したとしても，300語以上ある。これだけの構成および長さの英文を20分の間にまとめるのは，平均的な日本人受験者にはかなりハードルが高いのではないだろうか。そこで，もう少し実現可能な，短いバージョンの構成を考えてみたのが，冒頭に挙げたSample Answerである。

　これは，どこがもとのlong versionと異なっているのだろうか？　まずIntroductionで理由まで述べず，それぞれの立場「年功序列」「成果主義」を述べるにとどめている。本来なら，これでは第2段落以降の予告としては不十分である。実際に，この段落は2文になっていて，1 paragraphとしてはやや短すぎるのだが，TOEFLの場合はこれでもしかたないだろう。それでも，このshort versionで何が足りないのか，何を削除したか，を知っておくことは重要なことである。

　もう一つ，大幅に削除したのはConclusionの段落である。Set ❹ではConclusionをまったく削除してしまったが，もしあえて付けるとなるとこのぐらい，つまり1sentenceだけでも十分に標準の字数に届いてしまう。これも1 sentence, 1 paragraphという本来なら避けるべき構成になっている。しかし，Task 1の場合はこれでも十分に機能を果たすのである。

1　全体の分量はIntroductionとConclusionで調整できる
2　Task1では，それぞれ1〜2文あればよい
3　Introductionは理由を書かない，Conclusionは全面削除できる

Set B Task 2

Sample Answer   Set B   Task 2

Working in a group can be a difficult experience. There are, however, some ways in which working as a member of a group can make tasks less difficult than when working alone. It can help make some jobs less difficult by reducing the workload per person, enabling each individual to work in his or her area of expertise, and helping create time to take breaks.

One way in which working as a member of a group can make a job easier than working alone is by reducing the amount of work that must be done by each individual. Consider the job of running a restaurant. It is very difficult for a single individual to cook, take orders, and keep the place clean. If separate individuals do each of these tasks, the amount of work per person is much less than for an individual working alone.

Working in a group can also make a job less difficult by enabling individuals to focus on their area of expertise. Many jobs require several different areas of expertise. If an individual takes on such a job alone, then one must often work outside his or her area of expertise. If the same job is taken on as a group, there may be individuals in the group who have different areas of expertise. This means it is possible that an individual can focus on tasks in his or her area of expertise while leaving other tasks to those with expertise in those areas.

Moreover, working in a group allows individuals to adjust their schedules to allow each other time to rest. When there are multiple individuals involved in a task, it is possible to take turns covering for each other. In contrast, it is much more difficult to take a break when working alone without stopping the job altogether.

To sum up, working in group can sometimes be a difficult experience, but it can also make a job easier. In particular, it can reduce the workload per person, enable one to focus on one's area of expertise, and create time for rest. (347words)

▼**日本語訳**

　集団の一員として働くのは難しい場合もある。しかしながら，集団の一員として働くことで，一人で働くことよりも楽になるということもある。1人当たりの労働を減らすことで仕事を楽にしたり，自分の専門分野で仕事ができたり，休みを取る時間を作り出せたりするからだ。

　集団の中で働くほうが一人で働くよりもずっと楽な理由の一つは，それぞれがこなす仕事の量が減るからである。（たとえば）1人の人間が料理をしながら，オーダーを取り，仕事場をきれいにするということは至難の業だ。もし，1人ずつこれらの仕事を担当したら，1人当たりの仕事量は1人だけでやっていくのより，ずっと減るだろう。

　また，集団で働けば，自分の専門分野に集中することができ，仕事はずっと楽になる。多くの仕事にはいくつかの専門領域が必要になる。もし，そういう仕事にたった一人で取り組むと，しばしば自分の専門外の仕事を行わなければならない。しかし，集団で仕事をすれば，それぞれの専門領域で働く人がいるだろう。つまり，個人は自分の専門に集中し，他の仕事は他の専門の人に任せることができるのだ。

　さらに，集団で働くと，休む必要があるときには，スケジュールをやりくりすることができる。一つの仕事に取りかかっている人間が何人かいる場合は，順番にお互いをカバーし合うことができる。（これに対して）一人で仕事すると，仕事を一時止めないで休みを取ることはずっと難しいだろう。

　結局，集団で働くことは時に大変なこともあるが，仕事を楽にする。特に，1人当たりの仕事を減らし，専門に集中させ，休みの時間を作ることができるのである。

●評価・チェックのしかた

　Score 1-5の評価は，主に述べられた論点を理解し，それを解答の構造に反映させているかどうかで決められる。チェック・ポイントを再掲しよう。

1　問題に対応した解決になっていない
2　理由・説明・例示などが十分に示されていない
3　全体に首尾一貫していない

Solution   Set B Task2

これは「あなたはどちらの立場を選ぶか」という形式だが，本質的には今まで練習した「agree/disagreeのどちらかを選ぶ」という形式と同じことである。まず自分の立場を決定して，しかる後に理由・説明・証拠をサポートとして挙げればよい。評価のしかたも前に述べた1〜3の条件のとおりなので，もうここでは繰り返さない。一つ一つの項目をチェックして自分の書いた解答を評価してみてほしい。一番簡単な書き方としては，次のような書き始め方が考えられる。

I think that working in a group is less difficult than working alone.

しかし，ここに多少 Introductionめいた文を加えることもできる。自分が上に述べた立場だとして，わざと設問に書いてあるのと反対の内容を持つ文を書いて，それを逆接の接続詞を使ってひっくり返してみよう。

Working in a group can be a difficult experience. There are, however, some ways in which working as a member of a group can make tasks less difficult than when working alone.

そのうえで，この対立で表された問題に対して，理由を3つ挙げてみよう。3つというのは，例の3 points, 5 paragraphの形にしやすくするためであるが，もちろん絶対3つでなければいけないというわけではない。

1　1人当たりの仕事量を減らせる
2　自分の専門分野に集中できる
3　休みたいときに時間が作れる

英語にすれば，次のように表せる。これを先ほどの自分の立場を述べた文につなげる。これでIntroductionの内容はほぼ決定できた。

It can help make some jobs less difficult by reducing the work-

load per person (1), enabling each individual to work in his or her area of expertise (2), and helping create time to take breaks (3).

　もちろん、これと反対・逆の立場を取るときでも手順はまったく同じようにして書ける。まず自分と反対の立場から出発して、**however**でつなぎ、自分の立場を述べて、それをサポートする3つの理由を簡潔に列挙する。Set ❹では逆の立場で書いてみたが、ここでは省略する。

理由の構造を決める

　あとは、これらの1つの理由に対して、1段落ずつを使って、説明・例示が述べられていればよいだろう。たとえば、Point Sentenceにして、その後に例示の文を付け加えた段落を考えてみよう。

> 1人当たりの仕事量を減らせる
> 　　　▲
> 例示：レストランの運営には多数の人間が必要になる
> 比較：一人で全部やると大変だ

英語で書くと、たとえば次のようになるだろう。

Example B-1

> One way which in working as a member of a group can make a job easier than working alone is by reducing the amount of work that must be done by each individual. Consider the job of running a restaurant. It is very difficult for a single individual to cook, take orders, and keep the place clean. If separate individuals do each of these tasks, the amount of work per person is much less than for an individual working alone.

その後の書き方

5 paragraphs, 3 pointsならあと2つ理由があるので，それらについても同じように説明・例示を考えて各段落を構成する。冒頭には"Another""Further benefit""Also"などの表現を配するのも前と同じ。最後のConclusionも"In sum""In conclusion"などの表現を冒頭に置いて，第1段落で表明した自分の立場・解決を別な表現を使って繰り返せばすぐできる。Outlineは以下のようになるだろう。

▼Set❸ Task2 のOutline

段落	機能	内容・表現
1	Introduction	...however..., working in a group makes can make tasks less difficult...
2	Body 1	Reason 1, Explanation 1, Example 1 etc.
3	Body 2	Reason 2, Explanation 2, Example 2 etc.
4	Body 3	Reason 3, Explanation 3, Example 3 etc.
5	Conclusion	To sum up... etc.

ここまでできれば，あとはOutlineに従って，順を追って全体を書いていけばよいだろう。

ただし，一つだけ注意したいのは結論の表現である。前にも触れたように"In sum""In conclusion""To sum up""To conclude"などの表現はTOEFL以外では必ずしも必要ではない。たとえば，Conclusionであることは章や節の名前として掲げることが多く，これらの表現を使うことは少ない。またそうしない場合でも，内容でConclusionとわかるように書くべきであって，こういう定型的表現はあまりふさわしくないという意見も多い。ただし，TOEFLの評価ではこれらの表現は許容されるし，むしろ比較的好まれる傾向があるらしいと言われている。

▼▲▼ Warm Up！ Sample Answers

Chapter2
● 2-A　P.51
1. a) Disagree　　b) Agree　　c) Disagree
   *注：Task 1ではc)は必ずしも成り立たない。
2. I agree with the latter position because human beings have a long history of fighting against each other in order to fulfill their desires.
   別解 I agree with the latter position because it is supported by evidence from biology and psychology.
   注：もちろん，証拠がどう解釈されるかで，結論は変わる。主張をするときには，証拠をどう解釈するか，つまりBodyの部分の書き方が大切になることに注意しよう。

● 2-B　p.60
1. Those who take such a view, however, seem to forget that there are problems that money cannot solve.
2. Although this is a common line of thought, there are many teams that have signed star players from other teams but failed to become a strong team.

Chapter3
● 3-A　P.76
1. c)　　2. a)　　3. b)

● 3-B　p.86
1. It is questionable whether the decrease in the unemployment rate indicates an improvement in the economic situation.
2. In this particular situation, diplomacy is preferable to military action.
3. Many people believe that religion and science have always been in conflict, but such a view is historically inaccurate.

Chapter 4
● 4-A　P.115
1. d)　　2. c)

● 4-B　P.123
1. a)　　2. c)

Chapter 5
● 5-A　p.156
1. a) disagree　　b) disagree　　c) disagree
2. a) The main point that has been argued in this essay is that one effective way to help prevent bullying in junior high schools is to reduce the number of students per class.

b) In summary, this paper has contended that the most effective way to improve one's foreign language ability is to study in a country where that language is used.
c) To conclude, I argued that how well a product sells often depends more on the advertising and marketing of the product than on the quality of the product.

● 5-B　p.166
1. Sentence a) is not suitable because it undermines your claim by making everything an open question.
Sentence b) is a possible qualification.
Sentence c) is self-refuting. You argue for a definite position, but then you say it is up to the hospitals. If so, what was the point of your claim?
2. a) Of course, it is certainly true that not all politicians are corrupt, but I would argue that the particular individuals discussed in the body of this essay do appear to fit this description.
   b) It is unlikely that the analysis I have presented here will become outdate anytime soon, because the population change from year to year is very small.
   c) The interpretation I have presented here is based on all the currently available historical documents, but it is certainly possible that when new documents become available my interpretation will require some revisions.

Chapter 6
● 6-A　P.189
　　a) Descriptive　　b) Normative　　c) Normative
　　*注： 日本語の説明では主張がnormative かdescriptiveかを言うのは難しい場合があることに注意しなければならない。
● 6-B　P.198
I. Introduction
II. Body Paragraph 1 (positions of the TEXT) positive aspects of using computers
　　1. Helps students carry out large calculations quickly
　　2. Helps students visualize data
　　3. Helps students prepare for use of computers in the workplace and university
III. Body Paragraph 2 (positions of the professor) negative aspects of using computers
　　1. Weakens students' ability to calculate
　　2. Weakens students' ability to understand complex verbal and written arguments
　　3. Weakens students' basic skills needed for their future studies and career
IV. Conclusion

〈著者紹介〉
Andrew Domondon（アンドリュー・ドモンドン）
早稲田大学理工学術院准教授。国際基督教大学卒。同大学院修士課程修了。Carleton College（米国）をMagna Cum Laudeで卒業。オックスフォード大学大学院修士課程修了。シカゴ大学大学院博士課程候補。専門は科学哲学と科学史。早稲田大学では、論理学、哲学史、倫理学、科学哲学、現代物理学の授業を担当。

吉岡　友治（よしおか　ゆうじ）
インターネット小論文講座「VOCABOW小論術」（http://www.vocabow.com/）校長。東京大学文学部卒。シカゴ大学大学院修士課程修了。比較文学・比較文化専攻。
日本語の小論文メソッドを確立し、大学院および大学入試の小論文対策を展開。明晰な理論に裏打ちされたわかりやすい指導に定評がある。
著書に『大学院・大学編入学　社会人入試の小論文』『リアルから迫る　教員採用小論文・面接』（以上、実務教育出版）、『だまされない〈議論力〉』（講談社現代新書）、『必ずわかる！「〇〇主義」事典』（PHP文庫）、『いい文章には型がある』（PHP新書）、『東大入試に学ぶロジカルライティング』（ちくま新書）など。

VOCABOW小論術：http://www.vocabow.com/
e-mail：engoffice@vocabow.com

　著者がWEB上で主宰する「VOCABOW小論術」では、英文Essay Writing・Statementの添削、指導を行っています。詳細はお問い合わせください。

TOEFL®テスト　ライティングの方法

2007年3月10日　初版第1刷発行　　　　　　　　　〈検印省略〉
2014年5月10日　初版第2刷発行

著　者　Andrew Domondon・吉岡　友治
発行者　池澤　徹也
発行所　株式会社　実務教育出版
　　　　〒163-8671　東京都新宿区新宿1-1-12
　　　　☎ 編集　03-3355-1812　　販売　03-3355-1951
　　　　振替　00160-0-78270

印　刷　文化カラー印刷
製　本　東京美術紙工

©Andrew Domondon, YUJI YOSHIOKA 2007　本書掲載の問題等は無断転載を禁じます。
ISBN978-4-7889-1432-2　C0082　Printed in Japan
乱丁、落丁本は本社にておとりかえいたします。